袁月梅

漂流少年

——香港學生的快樂與哀愁

漂流少年 —— 香港學生的快樂與哀愁
作者／袁月梅
策劃編輯／伍詠慈
美術設計／陳詩韻
出版發行／突破出版社
香港沙田亞公角山路 33 號突破青年村
電話：2632 0000　傳真：2632 0388
電郵：breakthrough@breakthrough.org.hk
網址：http://www.breakthrough.org.hk
http://www.btproduct.com
承印／志德印刷有限公司
2019 年 12 月初版 1 刷

The Happiness and Mourning of Hong Kong Students
by Celesta Y. M. Yuen
First Printing, First Edition, December 2019

Printed in Hong Kong
ISBN 978-988-8562-15-2

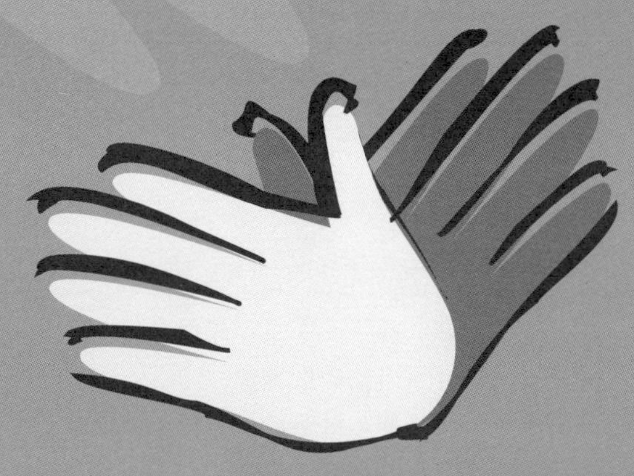

栽培新一代

年輕的心　躍動卻美麗

認識　貼近

關愛　同行

建造新一代更動人的生命

目　錄

三、南亞裔學生

四、本土學生

下卷：青少年的靈性與生活滿足感研究

前言

少年人是時代的脈搏，也是社會未來的主人翁。中學階段是啟導他們人生理想的黃金時期，而教育更是助人向上流動的主要階梯，投資學校教育就成了每個政府的重點項目之一。近數十年來，香港社會的改變，尤其家庭觀念、親職、兩性平等、價值多元、主流與移民 / 少數族裔的共融等問題，為學校教育帶來新的挑戰和使命。一方面，教育仍是政府為所有學生提供向上流動的途徑；另一方面，教育卻未能適切回應日益增加的多元文化背景學生的需要，大部分中學生的學習動機不大，更遑論給予他們向上流動的機會，這個現況仍有待解決。

本書記錄一群來自不同文化背景的香港中學生的心路歷程。這群青年人，有的來自本地的清貧家庭，有的在內地出生與成長，為了與在港的家人團聚，離開自己熟悉的土地；也有受社會忽略、與主流社會生活有所差異的少數族裔人士。無論在港生活是否他們的個人意願，他們同樣學習在新環境中安頓

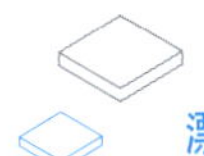

自己的心靈，面對與家人、同學和社會人士相處的挑戰，也在挑戰中把握機會再前進。

漂流少年的安身立命

大家可知道，跨境上學的青少年如何適應跨境學習？複雜或重組的家庭生活對他們的成長又有何影響？內地來港定居的移民青年，為了新生活付出了什麼代價？還有南亞裔中學生，以有限的中文閱讀能力和社會認知，可以在香港生根和追夢嗎？宗教信仰和家庭關係如何影響他們的福祉？另外，有些本地青年家境清貧，他們對家庭關係、學校生活和前途抱着什麼期望？邊學習邊兼職的生活又如何考驗他們的求學意志？

上一代的華人，對於生活磨人多是認命和默默耕耘，社會對他們的掙扎多是留白。在今天香港，來自低收入家庭或非主流文化的青少年是否也是認命和默默承受？家境和人脈關係、學校成績（特別是中文或英文科），還有宗教信仰和靈性健康，對這群青少年產生怎樣的影響？本書嘗試為這些問題提供一些線索。

本書收錄來自不同文化背景，二十四位香港中學生的故事，寫下他們的心聲與情感。本書既有描寫，亦有記述，以故事的手法勾畫出這數類學生怎樣安身立命、投入學校生活或逃避應試制度為他們帶來的衝擊：他們抒發了個人與家人的關係，在香港這片土壤中如何開展他們的人生歷程，尋找新的身分定位，建立朋友網絡與安全感，以及靈性健康，尋找人生方向。

請關心青年人

本人近年獲香港研資局優配研究基金資助，開展了「福祉與共同成功：香港主流及非主流學生的學校及社會參與模式」的研究計劃（GRF, Ref. No. 18406214；2015-2017）。該計劃除了搜集了過萬份中學生問卷外，更走訪了超過一百名來自不同文化背景的青少年。本書的學生便是曾參與訪談項目的成員，內容取材於時下香港中學生的家庭及學校生活，根據主人翁的真人真事而書寫。為了保障私隱，名字都是化名。本書為了保存當日訪談的真實性，尊重不同群體的原生文化，以及青年人對話題的思考前後也許不一致，內容不會被過分修飾，讀者不難發現內文句子有沙石，不通順或不完整的情

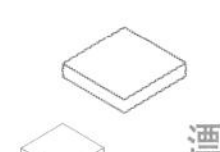

況。同時，亦有某些用詞和表達方法與時下香港主流青少年的不同。透過與年輕人對話，增加社會對他們的認識，而他們坦誠的分享中亦流露出少年十五二十時患得患失的情懷，和成長中的心靈掙扎與尋夢經歷。

本人盼望本書能夠藉着生命的交流互動，觸動家長、師長和社會普羅大眾，更重要的是喚起香港來自不同文化、社經和家庭的青少年群體，加深認識自己和身邊的同學，特別是來自內地、跨境或南亞地區的同學，激勵青少年以堅忍的態度去面對生活、學習、與家人及朋友關係可能遇上的挑戰，勇敢追求並實踐自己的夢想。本書特別適合青少年、家長、社工及老師閱讀，亦是大專學生的課業提供好資源。盼望本書能夠拋磚引玉，藉二十四位青少年的際遇，鼓勵家長及老師多走一步了解年輕一代的想法，關注孩子的心靈健康、內心世界、學校參與及身分認同等問題，啟發家長及老師對於教育新一代的思考。

註：訪談範疇見附錄

靈性健康與青少年成長

常說「人是萬物之靈」，此話指出人不單是有形的身軀，更重要的是人具有靈性，有形有靈，合成人的本質。人的靈性是獨特的，在所有生物中具有領導地位，也決定了人和生物不同的地方。從基本的需要來說，靈性需要與肉身需要不同，對一些專注尋找豐盛人生的人來說更重要。靈性是什麼？這些包括：愛、與人的聯繫、擁有身分和歸屬感，還要找到人生的意義和目標。

除了學習自處之外，人是群居的，需要建立社群的關係。不同的學者（如 Fisher 等，2000）都強調關係建立的重要性。Fisher 提出靈性健康由個人、社交、環境和超越四個關係領域綜合構成。個人領域是指本我和自身的人生意義、目的、價值觀有內在關係；社交領域是指人際交往的質素，與道德及文化相關，如：人性中的愛、正義、希望和信心；環境領域是個人在物質和生理層面的關連和培育，從而對自然界產生尊重和求知，也有人認為自己和環境是統一和聯通的；超越領域的關係則是指自身和超越人類級別的他者，比如上帝、神明，又或是某種力量、人生終極、宇宙力量等，驅使人追尋及探索信仰、生命意義和敬拜宇宙奧秘的源頭。

學者 Culliford（2011）將健康分為五個方面：靈性（Spiritual）、社交（Social）、心理（Psychological）、生理（Biological）和身體（Physical），而這五個方面互相循環影響，其中靈性更是連結其他四個方面的中樞。在台灣，不少學者（陳秉華等，2016；陳美琴，2014；蕭竹雅等，2007）均指出靈性健康與正向心理、價值觀和思想品行呈正面相關，注重靈性需要的青少年相對上也比較關注個人的作息、營養和運動，從而作出適當的調適和尋找支持。Ciarrocchi（2014）也強調靈性健康和積極的宗教態度能對正面情緒產生直接影響，增加人的快樂感。

靈性是每個人與生俱來最寶貴和最獨特的資源，也是每個人整全健康的指標，失去靈性健康便失去了生命的支持點；可惜的是，華人社會，特別在教育範疇，很少在這方面作系統化的探究。《聖經》說：「人活着不是單靠食物」，可知道人的內心深處更需得到靈性上的餵養和心靈的富足。有健康的心、身和靈性，生命才有真義和動力，活潑的靈性是驅動人迎難而上、堅毅不屈的活水源頭，又是積極人生觀和正面思想價值的基礎。

忽視靈性健康的危機

今天生活於香港的青少年，除了金錢和物質層面外，在心靈、生理的層面都感受到很多矛盾和張力。香港社會崇尚物質和成就，靈性健康和需要往往成為犧牲品。缺乏靈性關懷和滿足，價價觀和人生方向自會出亂子，因為心靈上的空虛容易使人看不清生命真義，不惜一切，「想做便去做」，從而尋找肉體上滿足；更多是尋找另類代替品，如網絡虛擬世界的幻想和刺激、濫交或濫用違禁藥去麻醉自己等。當他們面對問題時，可產生兩極現象：主動尋找幫助或主動逃避放棄。

在香港，有宗教背景的學校都會強調德、智，體、群、美和靈的六育全人發展，這些學校的生命教育成效如今仍未有系統性的數據分析。

近年青少年自我放棄或自殺情況令人憂慮，原因很多，一言難盡；其中都涉及競爭比較、考試掛帥、家庭關係疏遠、人際關係失去信任等。概括來說，香港青少年經常面對以下的問題：

- 人際關係疏離：沉迷網上虛擬世界；缺乏與人溝通技巧、自我隱蔽收藏。

- 欠缺健康價值觀：缺乏自尊和自信；生活無目標；失落迷惘；濫藥、濫交、損人利己和自暴自棄。

- 情緒問題：容易抑鬱焦慮；容易暴躁；缺乏動力和用不同的方式自我傷害。

凡此種種，作為師長的我們，當然很心痛難過，究竟青少年的靈性意識和狀態是怎樣呢？身為家長、老師、社工和宗教科導師對他們的心靈和快樂狀況又知道多少？

心靈貧乏

我們可以做些什麼？為了解這一切，我任職教育大學時，在 2013 至 2015 年期間獲香港教資會贊助，開展了下列研究計劃，「教育經驗、自我身分及靈性：關於香港少數族裔學生福祉的研究」，這是由大學教育資助委員會（UGC），優配研究基金資助的計劃（GRF, Ref. No.18406214）。

我們調查超過一萬名中學生的心靈健康和學校及公民社會參與感的情況，參加者是中一至中六學生，以他們的種族、出生地和在香港居住年期分作四類：香港主流學生、南亞裔學生、內地新來港學生（來港七年以內）和跨境學生。除了南亞裔的學生群體外，其他三組均為華裔學生。

資料搜集過程和數目

- 調查以問卷形式進行，採用分層抽樣方法（根據四組學生群體在校比例）
- 參與學校：二十八所中學
- 有效問卷：15,428 份
- 學生群體：香港主流學生（73%）；南亞裔學生（7%）；跨境學生（4%）；內地新來港學生（16%）
- 性別：男生（51%）；女生（49%）
- 年級：中一至中三（56%）；中四至中六（44%）
- 宗教信仰：有（36%）；無（64%）

註：所有遺失值（missing values）並不計算在內。

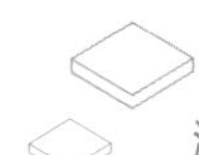

上述的資料中顯示，雖然七成來自本港主流中學生，但新來港的也有二千多人，非華裔的也近千人，跨境的八百人，以各組中學生人口計，仍是一個十分具有參考價值的數據。

我們的研究計劃，希望了解中學生生活滿足感和心靈健康的狀況，以及不同文化背景學生的生活滿足感和心靈健康的異同。就着研究的目的，分兩部分進行資料搜集：中學生問卷調查和邀請個別學生作跟進訪談。其中一個焦點是中學生對靈性健康（如人際關係、個人作息時間），和宗教信仰的整體情況和重視程度。

超過七成中學生都認為宗教信仰不重要或極之不重要；而有六成學生則認為心靈健康是重要或極之重要，但在日常生活上又感到非常之不滿足，也認為學校在靈性健康方面的支援不能滿足他們所需（相關數據可參考下卷）。這種狀態，除了學業成績不理想外，也與家庭環境因素有莫大關係。學生普遍認為成功是「找到一份穩定工作、穩定收入」等，而成功的條件是得到老師、同學和家人的鼓勵；父母的勸喻、家人的支持；別人的欣賞和「成功靠父幹」。主流學生一方面不重視靈性上的需要；另一方面，內心又極盼望得到親友們的支援和關愛，事實上這反映他們兩種複雜的心理狀態，難達至平衡的情況。心靈貧乏更會使他們常常處於一種不穩定和不滿足的情緒狀態，這與本港青少年自殺率增加不無關係。

以下先探討四個來自不同文化背景的中學生群體的個人故事，再檢視整體問卷結果。

漂流少年的心靈、身分與出路

本書二十四個訪談，雖然內容焦點按當時的對話而有差異，大致上可以歸納為：

(1) 家庭背景和關係；

(2) 學習情況；

(3) 靈性狀況（包括宗教上探究）；

(4) 人際網絡；

(5) 社會歸屬感；

(6) 前途和夢想。

讀者細心閱讀他們的故事，不難發現不同群體的對話內容有其特色，反映了他們的生活際遇、文化背景和價值取向。例如：書中的三個非主流學生群體：跨境、新來港及南亞裔學生，都面對着身分認同的問題。由於部分父母在香港未曾落葉生根，移民的感覺濃厚，對於他們在香港出生的子女來說，香港是出生地，但在求學、交友和成長的過程中，始終有點隔閡，自然不會產生很強的歸屬感和認同感。

再者，青少年很少探討個人身分的議題。這次對談，喚起了他們對香港人或香港公民的身分思考，所以在探討這些議題的時候，總帶出一種過渡性的身分演變情懷，難為自己的公民身分下一個肯定的判斷。不過，南亞裔學生又選擇把「香港」這個名字放於他們出生地或族裔之前，例如：香港巴基斯坦人和香港菲律賓人等。內地出生的新來港學生則把「中國」放於香港前面，是政治正確？又或是個人對出生地的依附？

在與青少年的交談中，展示出家庭和學校對他們的福祉起了一個決定性作用，個人的學習成就關乎父母的榮辱（孫天倫，2017），特別是華裔學生群體，學業上的壓力是共通的，對前途不清楚又似乎是每一位的「標準答案」。家庭是他們生活和成長的基地，深深影響他們的個性、信心、人際關係和價值觀；而學校生活帶來的成就 / 挫敗感、與師長朋儕關係，都塑造他們對升學和就業的抉擇以及對前途的夢想。值

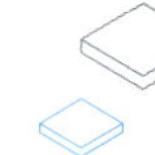

得注意的是，有宗教背景的青少年（阿雷、恩好、艾莎、索菲亞、昆瑙），家境同是清貧，父母社會資本少，在學業的支援有限，但他們相信（神）凡事總有預備，整體上是較樂觀和正面的，個人的興趣層面和族群性都較強，同時，他們都懷着理想。我們希望所有來自不同文化背景的青少年，都可以以堅毅不屈，努力奮鬥的態度，扎根香港，勇敢追求並實踐自己的夢想。

跨越的不只邊境 —— 跨境青少年

跨境青少年的故事為我們提供一個視角，他們看似獨立，卻要面對如何適應和接納父母、兄弟姊妹間的互動關係，例如：陳魚和樂晴因着家庭和朋友關係面對很大考驗，樂晴的經歷窺見跨境學生面對身分認同的問題。這數位跨境學生一般忽視靈性需要，也不關注自己整全的身心靈健康，對香港沒有歸屬感。他們的背景和人生閱歷形塑了一種漂流的心靈、身分和人生態度。

孤單的新來港青少年

新來港青少年的故事反映出另一種的漂流心境——靠自己。從他們的對談中無法察覺他們心靈上的需要。細看之下，才能體會到他們內心的掙扎。阿耿、李豪對讀書興趣不大，人生目標都是遊移不定，兩位男子漢都選擇獨自面對困境；回歸正途的倩婷是新來港學生的縮影，他們往往要多走幾個人生彎路和付上更多代價，才能找到方向。小羅和可彥是非典型的例子，小羅從信仰中得到力量，可彥靠社工夢激發他努力向前。

個人認為，跨境與新來港的青少年有較多的相似背景，他們的「第一個家」都不是香港，這可深入探討「香港」——作為他們接受教育的地方，是否給了他們追尋理想的空間與希望。他們某些切割了的人際關係，又是否在香港這塊土地上得以尋回？

追夢路上障礙重重 —— 南亞裔學生

青少年正處於一個尋找自我身分和朋儕認同的成長階段；融洽和雙親的家庭對這群體起了特別的保護和穩定作用。南亞裔青少年的文化背景與其他「華裔朋友」相異，他們有明顯的宗教習俗，而有較強的家庭和宗教生活，使他們的生活滿意度、人際關係和個人幸福感的分數，整體上均高於其他三組華裔青少年。家仍是孕育愛和被愛、身分和價值的第一個重要場所。不過，他們與華裔青少年的價值觀有明顯分別，他們的夢想並非追求穩定收入和穩定工作。反映出家庭關係和靈性健康對下一代成長的正面意義。

在艾莎、索菲亞和昆瑙的對談中，看到南亞青少年對傳統性別角色的討論，關乎他們的宗教如何看待「女生追夢」的話題，回教女生如何看自己的宗教是否容許自己追夢？南亞女性因接受了新時代教育的轉變和衝擊，使她們感到傳統和現代回教女孩子的角色衝突。本土文獻中很少為這群青少年作出深入的探討，故此本書提供了一個討論角度，宗教和性別在追夢的過程中會否為青少年帶來不同的將來？當然，女同學如何看自己的價值，男同學如何看女性的角色都增加我們對他們文化的認知，教育工作者的任務是協助兩性在教育和社會參與中均能獲得平等和健康的待遇。

對於未來的路向，他們承認自己也不是百分百清楚。無疑，成人或家長的支持、體諒和建議也很重要，關鍵在於能否提供意見和選擇。雖説喜歡香港，也考慮留港發展，但他們的公民參與卻非常有限，這可能源於中文能力有限；加上對香港社會時事漠不關心，也不肯投入政治，令他們融入香港的路窒礙難行。

也許他們還未認清一點，就是立足香港，需要改變現有的抽離式生活心態，而且仍需在學業上加把勁，特別在學習中文的動機上，要重新找回方向，方可實踐理想。

無力——「港產」青年

這部分可以見到本土學生日常生活的掙扎。他們的家庭關係值得社會和師長關注，畢竟家庭是影響青少年幸福感和安放心靈的關鍵。同樣地，求學並不是這數位少年人的興趣，高中課程本是為預備中學文憑試而設計，老師除了集中精力和資

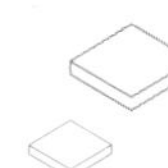

源設計大大小小的考核試，根本沒有時間關注一些跟不上進度的同學。學習上得不到成功感，家人又愛莫能助，社會上五光十色的玩意兒，正好為他們漂浮的心靈提供了避風港，幸兒和家健是其中的例子。張敏會花時間溫習，卻不願花時間關注社會。沒有充足的心靈力量，很難幫助這群同學驅走心魔。

在呼應「追夢」的主題上，同學談的不多。他們身為港產本土生，在書中的角色可形成一個對比，與其他三類青少年在文化，身分認同方面作比較，探討「活在香港，長在香港」的意義。此外，他們由小到大都接受香港教育，我們可由這處思考香港的心靈教育是否足夠。

上卷：漂流少年的心和夢

一、跨境學生

奔走於每天不息的漂泊路上

陳魚：

朝六晚十一，誰能明白我？

陳魚出生於浙江杭州，爸爸是香港人，陳魚自小已經與爸爸中、港兩地相隔。童年時跟隨母親和哥哥一路南下，遷居梅州，在當地上學直至中學二年級，結識了不少知己朋友和鄰居。本來較安穩的童年生活，因母親打算繼續南下於深圳落腳，希望可以更接近長年居港的爸爸，也許會為家庭生活增添色彩，也能改善經濟環境而有所改變。

陳魚早已經習慣沒有爸爸在旁的「假單親」家庭生活。當母親決定到深圳定居，即使她沒有浪漫的期待，亦希望可以多見爸爸，便開始了跨境的香港中學生活。可惜好景不常，搬到深圳一段短時間後，父母的婚姻卻畫上句號。陳魚不敢追問原因，怕母親難過，只知道母親獨自回梅州工作，只有她和哥哥二人在深圳相依為命。學業不易、經濟開支更加不易，陳魚跟很多的跨境同學一樣，放學後趕去做兼職，補貼生活開支。

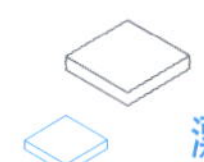

朝六晚十一的疲憊循環

陳魚每天清早六時多便要起牀上學、課後又到快餐店兼職數小時，然後拖着疲倦的身軀返回深圳，每天如常，風雨不改。

「我週一到週六都要做兼職，晚上十一點才回家，路上沒有路燈，真的很害怕，只得一直狂奔回家。如果有人打劫，我該怎麼辦？辛苦回到家後還要做家務，真的好煩。我會忍不住罵他（哥哥）：『為什麼你不做家務，要我做？』」

陳魚今年十六歲，在香港一間中學讀中三。哥哥二十八歲，在香港工作。兄妹倆一個跨境讀書，一個跨境工作，日日長途奔波，彼此在家相處的時間少之又少；加上性格和愛好迥異，有時會爭執。而只年長十二年的哥哥卻是她唯一的監護人，學校的「家長日」亦由哥哥出席。

「不開心。跨境真的很累。每天上學就花了兩個多小時。」面對龐大的生活壓力，陳魚不時質疑自己選擇在香港讀書的決定是否正確。

香港和內地教育制度及標準不盡相同，她感到壓力非常大，有時候還會失眠。「人愈長大，愈害怕生活，怕文憑試成績不好，英文和數學成績怎麼努力都追不上，有時……很想放棄。」她感覺無助又彷徨，就算她向同學、老師們請教，甚至上補習班，亦收效甚微：「我以前試過在學校補數學，但我理解不來。我也有努力聽課，做功課、溫習，但考試時又忘記怎麼做。我想過找老師幫忙，但又覺得太麻煩老師，因為有些簡單的數學，別人一看就明白，只有我看不明白。如果我去問老師這樣的數學問題，感覺很浪費老師的時間，於是就不了了之。還有英文科，今年我讀中三了，我好想學好英文，不過老師整節課都用英文授課，我想聽但聽不明白。但是如果我發問，又會阻礙其他同學聽書。我漸漸變得無心向學，平日很少溫習，但不溫習去玩耍，又覺得自己浪費時間，倒不如去做兼職，反而可以有一些收入，補貼平日開支。」

陳魚在一間連鎖快餐店兼職。週一至週五，下午三點四十分放學，五點至十點在快餐店工作，每日五小時工作，週六則需要專程跨境來港兼職，工作時間長達十小時。聽陳魚談起她忙碌的日程，使人有點驚訝又有點佩服，想不到她年紀小小已經能夠獨自處理生活和學習上的種種需要。縱然她的學業成績不算理想，也不失為一位堅強奮鬥的少年。

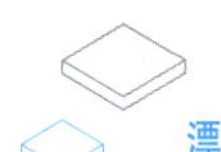

家人不會明白我

對陳魚來説，原生家庭經歷了太多太大的轉變：父母婚變、家人關係緊張，已經很痛苦。學習生活亦由於成績不理想，令她非常沮喪。

家庭的問題、升學的壓力及求助的難度，都令陳魚無法專注學業。想到中學畢業後的出路，讓她更感到彷徨無助。「我沒有信心升大學。有時覺得好無奈，因為追不上學業成績。平日太懶，常常想去玩，所以不花時間讀書。我年紀又比同班同學大……」

不慣於隱藏自己心事的她，喜歡向朋友和學校社工傾訴，這也成了她主要的情緒出口。為何要把傾訴的重心放在朋輩及社工身上？陳魚亦非常無奈。陳魚和家人的關係疏遠：和母親分居兩地，拉開了兩人的心靈距離，「媽媽在梅州，我不敢告訴她我的情況，怕她擔心我，而哥哥是男生，他飯後便入房打機。有時真的無話可説，一星期也説不上十句話，除非是有事找他幫忙。」同一屋簷下，由於兄妹相聚少對話也少，大家多是沉默無言。

「有時不開心，我也不會說出口，講了別人也不會明白，而且說出來的時候就不想回家了……」只是藉着傾訴，朋友在很大程度上分擔了陳魚的心事。

內地學生和香港學生缺乏交流的情況時有所見，陳魚看到香港人與內地人有很多分別，也感到和香港的同學格格不入：「我跟內地來港讀書的同學較熟。整體感覺這間學校的香港同學比較現實，缺少人情味。有同學在你面前是一套，背後又是另一套，令我心寒。有些女生喜歡比較，脾氣也差。在內地讀了兩年初中，和內地同學感情更深。」在陳魚眼中，香港老師習慣把學生作小孩子看待，凡事都要多番提點，而香港女生常常鬧小姐脾氣。在香港讀書一年多，她的朋友也多是跨境生。正因如此，她們能產生共鳴，互相理解大家的處境。

無根的人生

談及個人身分的課題，陳魚說：「我的想法改變得很快，內地學校有國民教育，我們要背很厚的政治書內容，讓我覺得自己是中國人。來港上學後，我對香港社會多一點認識，覺得自己也算是中國香港人。」這不是說陳魚已經有種歸屬

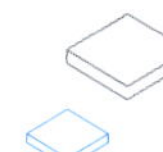

感，她甚至直言自己對香港的歸屬感只是一般：「在香港正常返工、返學、玩，真的沒有什麼特別的亮點。」在龐大的升學和家庭經濟壓力下生存，其實已經很艱難，還要對香港產生認同感，談何容易？

既不能解決對前途的迷惘，也不能從日復日、月復月地上學做兼職生活的掙扎中得到解脫，或是填補心靈上一些缺失的部分——生命為何！雖然陳魚未有確定的宗教信仰，但她曾嘗試過尋求上主，為不知道的事情向上主吐露心聲。

老師也有限制吧

陳魚認為學校和老師在學業外，應該更多關注跨境學生的心靈需要，因為他們普遍面對較複雜的家庭問題。「希望學校可以加強與家長之間的溝通，比如多舉辦『家長交流會』這類活動。雖然現在也有『家長會』，但是家長來學校的目的只是了取成績表，與班主任講幾句就走，很少有機會了解子女的學習情況。另一方面，我覺得校方也可以多些主動開導個別有困擾的同學。我知道有些同學的家庭關係非常不好，尤是跨境學生有很多都是單親，父母分開的。我的好朋友全都是單親。我也有過相似經歷，當我父母與其他人生活時，便要面對父母的新伴侶和他們的孩子，心情很難平衡。如果我媽媽日後與其他男人結婚，生了孩子，我覺得媽媽和新叔叔會比較疼愛他們的 BB，而忽略了我的存在。」

不過，陳魚也明白老師有很大的限制。「有些面對生活困擾的同學會很抗拒對老師、社工說出自己的真實情況。同學表面上看似沒有什麼問題，每天上學放學，有說有笑，一般人很難察覺他們的困擾」。因此，她建議老師不要只靠平日課堂的觀察，有時也可以試試通過他們的朋友圈子去了解當事人，正如她的老師曾經向她打聽她朋友的情況一樣。另外，對於國內來的單親孩子，她期望學校可以主動舉辦一些正向生活或心靈加油站的健康講座。這樣，學生不用害怕被標籤，又可以防患於未然。

尋找心靈的家

當真正空虛又沒有人可以傾訴的時候，神明亦成為陳魚對話的對象：「有時我會向神訴說關於媽媽、哥哥和自己的事，又有時候希望神會保守我考試考得好。害怕的時候也會向玉皇大帝呼求，希望祂會來幫我。」其實陳魚那種「臨急抱佛腳」的心情和對神明的看法，也反映出不少青年人的心靈狀況和需要。

陳魚在尋求上主的過程中，多番自我懷疑。「我不清楚自己是不是有信仰。（我想）不算有。我認為自己信佛教只是儀式上，並非全心全意，所以我不太清楚自己究竟是信什麼，同時，為什麼要信一個宗教。」

在宗教的層面，有學者提出有關「靈性」的概念，對於陳魚來說，靈性究竟是什麼呢？靈性即是有惻隱之心。神只是一種超自然力量，每當她懼怕的時候就會說「阿彌陀佛」！陳魚渴慕人間可以有溫情，除去她心中的徬徨和驚恐，所以，她渴望她所尋求的神亦是滿有人性，懷着憐憫人的心腸，能夠體恤人的困苦，也能夠安慰和幫助她受傷的心靈。

樂晴：

在香港借時間讀書

當年，樂晴的母親只有二十歲，父親已快四十歲了。

父親是位副導演，從小跟家人從內地移民來港，高中畢業後回內地工作。前妻去世後，他獨自撫養女兒，後來在深圳工作時，認識了一名女生，婚後誕下樂晴。

兩年前，樂晴十三歲。父母離婚了。父親和大女兒遷回香港居住，剩下樂晴和媽媽留在深圳。訪問的時候，樂晴正在讀中三，過了三年跨境上學的生活。

勤儉的孩子

樂晴的家庭經濟拮据，媽媽的收入僅一千至三千元人民幣，每月房租已經花了一千多元。為了應付日常生活，有時只能與姨姨同住，甚至向姨姨借錢。

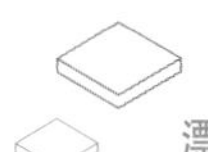

樂晴很懂事，生活也節儉，平時少花錢。「媽媽每個月給我五百元，包了交通費，但不包飯錢。若她需要我從香港買東西回鄉或應急，就會多給我幾百元。不過一個月五百元是夠用的。」她看到有些香港學生一個學期換一個書包，自己卻沒這種物質上的追求，「父母無時間理會他們，喜歡什麼就給他們買什麼。我覺得很浪費，媽媽也叫我不要浪費金錢買無用的東西。」

從前樂晴和爸爸關係很好，沒有同住之後，關係自然生疏。父親現在五十多歲，退休了，身體不太好，有時要住醫院，她卻很少去探望他，「有時跟姐姐講電話，但關係始終比較生疏。」

只與母親相依為命的樂晴，母女關係親密。母親很愛樂晴，對她的學業期望頗高，期望樂晴考全級第一，而樂晴不負所望，成績名列前茅。

只是她覺得自己仍應該繼續努力，尤其是英文科需要再下苦功，爭取考入大學，但她實在無把握。「我要多看英文書，上課認真聽書，追上英文科成績。」由於英文水準不及別人，樂晴來港後，需要重讀中一，現在的英文成績也只是剛剛及格，擔心英文科成績會大大拉低她入讀大學的機會。

香港與我何干？

樂晴初來香港讀書時，由於兩地教學模式和校園生活差異，最初感到不習慣，「香港的英文科很深，而內地的中文及數學兩科的內容比香港較多。」樂晴漸漸適應香港多元化的課堂，「比如家政課，內地沒有這類課程。印象中，內地很少這麼全方位地照顧個人的發展。那裏比較看重成績，譬如臨近考試時，體育、美術堂都全部改為教書，內地讀書壓力大，初中升高中有中期試（內地稱為『中考』），若成績不好，就不能入理想的高中。」內地和香港老師教學風格也很不同：「我以前在內地老師就拿着教科書上課，但香港老師大多用電腦教學。」樂晴現在更喜歡香港的教學了，一方面習慣了，另一方面可以接觸很多新事物，還交了很多好朋友。

不過，樂晴對於香港的歸屬感依然很低。當問及樂晴的身分認同，她只是回答三個字——內地人。樂晴對這片土地仍舊缺乏「家」的想像，她喜歡在內定定居。在她心裏，她只屬於「借來的時間」散落在「香港」讀書的特殊群體。

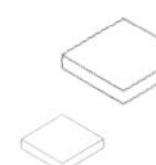

樂晴在香港校內的朋友多數是與她背景相仿的：「我的好友主要是在內地的學生，有幾個跨境學生。有一個好友與我一樣同是插班生，但為了方便返學，她已經搬到上水住。我與跨境學生的共同話題較豐富，至於香港學生，他們沒有跨境學生那麼熟悉內地的事。」

關於溝通語言，雖然樂晴並不排斥學習廣東話，但無論在家中還是在學校，樂晴仍覺得用普通話更自然：「在家和媽媽溝通，以前會用廣東話，現在較多用普通話，回到內地時，很順口就講普通話。在學校也是用普通話多於廣東話。雖然我從小到大都懂廣東話，但被普通話擾亂，令廣東話發音不準確。班上有同學有時會指出我讀音不準確，糾正我。不過我喜歡他們給我指正，我可以學習準確的廣東話發音。」

樂晴對香港這片土地仍缺乏感情，雖然來港讀書多時，但活動範圍基本上離不開學校：「到過比較出名的地方，如：星光大道。有時媽媽叫我陪她來港購物，我也不想去。好麻煩，又要乘車，回家已經很晚。」

當然，樂晴對香港所發生的社會事件就更加陌生。「我很少讀香港報紙和新聞，與香港的同學也很少談及時事。我們的價值觀很不同。

再艱難的生活也有美好一面

在不少情況下，父母離異會對孩子的心理產生消極影響。不過，堅強的樂晴卻說：「沒有太大影響。就是覺得家裏少了一個人，關心少了。媽媽工作時，沒有太多時間理會我，但我自己會處理好事情。」

的確，樂晴很獨立，自己會處理好事情，母親因此很放心。她對自己的學校、班級、學習生活都很滿意。「讀書很開心，壓力相對較小。有些學校以英文教學，壓力就會大，上課聽不懂。」雖然就讀的學校不太有名，但樂晴認為在任何一間學校讀書都是一樣，因為學習是自己的事。

樂晴認為凡事要靠自己，「即使有宗教信仰，但不相信神是存在的，仍然會不快樂。有信仰也不代表成績好，仍然要靠自己。」

對於自己的未來，樂晴滿懷樂觀和期盼。「我想做醫生。現在選科，我也選了化學。」樂晴有信心應付化學，因為喜歡，就有心學得好。

樂晴不但學業成績優秀，興趣愛好也十分廣泛。她在學校參加舞蹈組和視藝學會，舞蹈組活動每週一次，視藝學

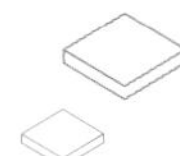

會活動兩週一次。樂晴學習跳舞和畫畫，既是個人喜好，也希望日後工作能多一個選擇。「從小到大，我覺得畫畫可以令心情更好，打發時間。兒時我常看卡通片，所以想試試能否畫好卡通人物，漸漸愛上畫畫。我在內地也學過一個學期畫畫呢。除了畫畫，我也喜歡跳舞。父母希望子女有一技之長，長大後有多一條出路。如果讀不成書，懂得畫畫可以做設計；跳舞好的話，可以教小朋友跳舞。就像我如果以後做不成醫生，做設計師也很好。」樂晴笑着說道。

雖然生活艱辛，樂晴相信生活也有美好的一面：「開心。思想開放。不要太苦悶。每件事都有正反兩方面，要從不同角度去思考，不要只想壞的方面，也要看到美好的一面。」

慶生：

香港學生的旁觀者

佩服是周遭的人對慶生的即時評價。

雖然慶生才第二年跨境上學，但已經非常活躍於學校活動，擔任領袖生、圖書館管理員、社幹事和學生大使。這個中四班的女孩絕不簡單，很能幹亦很有衝勁，令人佩服。

爸爸說離婚有點麻煩

十五歲的慶生於深圳出生，與母親和姐姐一家三口在福田居住。爸爸在香港也有妻兒，沒有選擇離婚。爸爸經常來往於香港和深圳之間，爸爸年約五十多歲，而媽媽則約四十多歲。

以前慶生的爸爸經常在內地工作，是石廠工人，認識了慶生的媽媽，便走在一起。媽媽曾經要求爸爸離婚，但爸

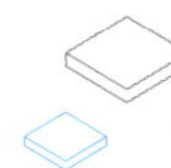

爸說離婚有點麻煩，就選擇不離婚。然後，他們就住在一起，沒有結婚。

慶生也認識爸爸的太太和女兒。「他太太有精神病，不太清楚我們的關係。我和她見面時，她根本不清楚我是誰。」至於爸爸的香港女兒，「她在大學讀書，大家都相處得來，沒什麼問題，只是很少接觸。」

慶生的爸爸很少管她，所以和爸爸的關係不是很親密，而媽媽卻很着緊，「媽媽常常問我去哪裏，幾點回家，來香港讀書也是媽媽的決定。」慶生是中二時來港的，計劃日後留港工作，畢竟現在在大陸升學也不易。

媽媽着緊我，我就着緊

雖然在香港讀書已有兩年了，慶生還是不適應這裏的教育模式。「主要是香港和內地考試制度不同，中文分閱讀聆聽、又有口試，英文都一樣。中文閱讀跟作文合併一齊考，英文閱讀又是一樣，以前大陸是考一次就完成，但這裏不是，很麻煩。還有通識，又要做分析題，要寫長篇大論。」慶生的成績屬於中等水準，平日不會溫習，只是考試期間才會溫習。「我不算喜歡讀書，不過怕媽媽不高興。去年分數低了，可能是我喜歡玩電腦吧！媽就說反話，叫我多些上網玩電腦便可以了！其實她極不喜歡我上網的時間太長，我就減少了上網。」慶生明白媽媽的緊張，於是開始努力一點，果然成績有了進步，中、英、數都達中等成績。

「媽媽非常緊張我的成績，所以我會盡力去做好自己的本分，不會再過分沉迷上網。」功課多少和深淺，也影響了她做功課的時間，以及參與不同興趣班及義工的決定。充實和有意義的課後活動，往往為中學生帶來動力和積極的正面思維，特別對於初中的青少年，起了關鍵性的幫助。

談及未來的工作願景時，「我希望可以從事酒店管理工作，但要視乎成績，現在不能過早猜想。」無論現實如何，少年十五二十時的慶生仍是有夢想的，訪談的那刻也許是模糊、不太確定，但總有點兒興奮和期待。

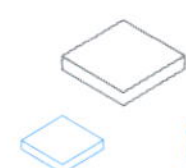

考試時我會祈禱

慶生在一間基督教學校讀書，學校早會時會祈禱。「為了尊重，早會時我會低頭，其實腦海充滿其他思想。我不會跟着祈禱的。不過，當我考試時，因擔心成績不好，腦海中就會祈禱，希望成績好些。」慶生的媽媽和外婆信佛，但她什麼也不信，曾經也跟人返過教會一兩次，但都覺得很悶，之後就停了。平時不會替媽媽上香，但新年探外婆時，就會跟外婆進廟上香。她認為，「開心就是了。」

我是中國香港人

在香港讀書這兩年，慶生開始對這個社會有些少認同感，但多數時間都是在深圳生活。當被問及自己的身分時，慶生稱：「中國香港人。香港是中國的一部分，自己住在深圳，但來港上學，所以中國應該行先。」

慶生積極參與課外活動，對學校的適應還不錯，只是說起公民社會參與，她對「學生」這種身分和參與政治活動有很大的保留和考慮。「因為不想讓媽媽擔心，我很少參與政治相關活動，更不會參與遊行、示威等活動。」在這方面，她依然是一個旁觀者，覺得自己不夠成熟就不同議題表達。

阿浩：

我只是過客

和洽的重組家庭

阿浩今年十六歲，內地出生，居於深圳，訪談時他剛巧第一年跨境到香港讀書。

阿浩的家庭背景較為複雜。母親與生父離異後，在阿浩小學四年級時嫁給繼父；而繼父也曾離異，與前妻育有一名兒子。因此，阿浩在一個重組的家庭中生活，包括生母、繼父以及異母異父的弟弟。阿浩母親是內地人，高中學歷，在深圳做中醫；繼父則是香港人，初中學歷，在香港做貨車司機。

繼父和媽媽關係不錯，只是阿浩與繼父的關係有點疏離，至於生父：「已經很少和生父見面。他一個人在內地，我在香港，平日很少回內地，兼且生父在內地也有另一個家。」雖然阿浩的家庭關係複雜，但整體而言，家人關係算

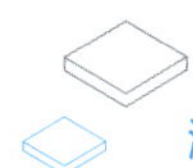

是和睦融洽。他平日會跟媽媽分享心事，偶爾也會與繼父和親戚去戲院看電影。而對於阿浩的各種學習及生活需求，例如補習、上結他興趣班等等，家人也願意在金錢上支持他。

唸中四的他，成績一般，最擅長的科目是數學。他覺得解決數學題很有意思，所以平時會花很多時間去鑽研。課餘時，他最喜歡踢足球，是足球學會成員，除了每週四下午訓練，也會參加校際比賽。此外，阿浩也參加了紅十字會的活動，而學校有活動時，他也會幫手做後台的工作人員，負責 IT 操作、燈光、音響控制等。

由上水到沙田

談到初來香港時最大的困難，莫過於三點 —— 不懂廣東話、認不到路和英文差。

「初時與人溝通有很大問題，廣東話講得不好，又聽不懂。以前在學校就算我碰到問題，也不願意去問老師，因為廣東話發音不準，有口音，好尷尬。後來在北區大會堂上一些廣東話課，還有學倉頡拼音，就比較好些。不過我現在的廣東話依然不流利。」

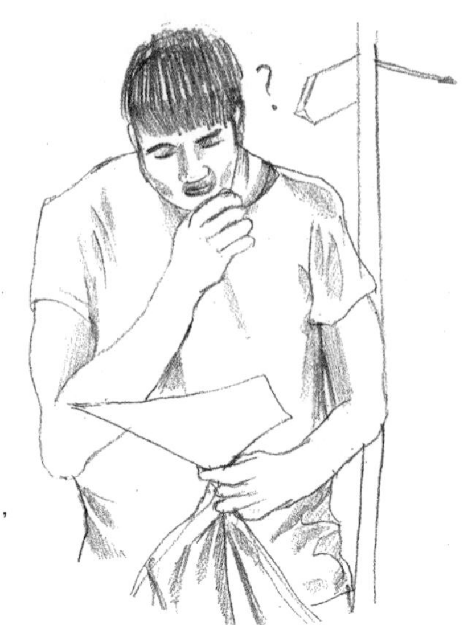

要在短短一年內學習一種新語言，實在不容易。雖然阿浩講廣東話的語速偏慢，但經過一年的練習，他的發音大部分已經能夠「正」（準確）過來，也是一大進步啊。

剛來港的時候，阿浩人生路不熟，基本上只認得從車站到學校的那條路，回家都要上網看着地圖走。後來才開始一點點學習不同的地區名稱，還有跟親戚或朋友多出去走走，如太平山頂、海洋公園、金紫荊廣場等等。現在，他比較熟悉的地方是上水和沙田。

對於香港的景觀、建築、設施等，阿浩是有心去了解的。可惜的是，除了上學之外，香港似乎留給阿浩的印象更多偏向於「遊覽」或是「娛樂」。

至於英文，就是許多內地來香港學生的困難了，阿浩的對策是補習：「我一星期去補習社兩次。放學就和弟弟一起過去，補到六時多便一齊回家。」

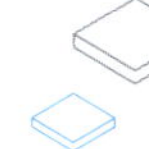

每週兩次補習，由於要跨境，回家都會很晚。但是，幸好有弟弟和另外五個好朋友作伴同行，阿浩就不會感到太寂寞：

「我有五個老友，都是男仔，都是跨境生。我們一齊返學，落堂，之後補習又一齊，有講有笑。」因着彼此有共同話題，用普通話溝通又很方便，同時經常結伴同行，自然而然就形成了屬於自己的小圈子。

耶穌主宰我的人生

阿浩的母親是基督徒，有時週六會帶阿浩一起到香港「返教會」。他是一個懂得感恩的人，對生活沒有不滿。無論個人際遇如何，他說：「耶穌主宰我的人生。」

歸屬感：香港四分，深圳九分

論及歸屬感和公民身分的問題，阿浩似乎仍是在思考之中。「按身分證，我是香港居民。但現在我住在深圳，又不像一般的香港人。」阿浩對香港缺乏「家」的概念，「因為我根本不認識香港，我只是跨境上學，每日都是匆匆忙忙的上學放學。」對香港的歸屬感也不強。「因為每天都要從內地返來（回來），放學就回去。如果我在香港住的話，可能就會有歸屬感。」

事實上，阿浩雖然不是在深圳出生，但他對深圳的歸屬感卻較高。對阿浩來説，「居住」在這個地方，又或者説真正「生活」在這個地方，才會產生較強的歸屬感，才會有「家」的感覺。雖然阿浩是合法的香港「居民」，但心理上，覺得自己在香港只是一個「過客」或是「遊客」。阿浩也坦言，他在深圳時會看港劇，卻很少關心香港新聞，父母和弟弟也是如此。

雖然阿浩也嘗試努力融入香港，學廣東話、認識景點，但無奈「歸屬感」需要透過對社區的認識和時間上的經歷，才可以慢慢培養。要做到名副其實的「香港居民」，一點也不容易啊。

森美：

我會靠自己的了

森美是中五學生，來自一個較為穩定的雙親家庭，雖然父母分別居於深圳和香港，但他們的關係是完整的。兩地生活是因爸爸需要在港開車，而媽媽則選擇在內地生活，保持她的人際網絡。森美也因而要跨境生活和上學。與別不同的是，她週一至週五與媽媽一起在深圳居住，週末則與爸爸住在藍田的家。

香港生活？OK 呀！

檢視整體校園的經驗，森美比任何一位跨境生都正面，而且顯得很開心。追問下去時，她毫不猶豫地告訴我，比起內地學習，香港課堂很輕鬆。「上課的話，國內是很嚴肅的，在這裏可以有講有笑。跟同學的關係怎麼樣？都是放學出去吃東西、逛街之類。」

奇怪了，香港的英文程度一般都比內地艱深，按常理，她應該需要花上更多時間去作預備才對。原來她大部分功課都在學校完成，極少帶回家，基本上是不會在家溫書。功課問題一般是找同學，極少麻煩老師。聽起來，森美與同學的關係相當不錯。「OK 啊，有講有笑的。跟同學、朋友都差不多。反而之前有東西會先找同學聊，現在也會找老師聊，因為之前很怕老師，不知道他們對我會有些怎麼樣的猜測。」

森美看來頗投入新學校生活，很快找到自己的位置，擔任社長、班會主席和學生會康樂。她很自信：「我覺得我有能力，很多東西我都自己做，不靠別人。」

不需要依靠

「家」永遠是重要的快樂和滿足的源頭。雖然森美的家是完整的，但對於她個人靈性發展來說，不見得扮演了很

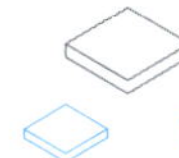

重要的角色。她很少提及家人，也不太着意去想。生活像是「常規性」的，上學放學。

與森美交談，她的回答總是很簡短，沒有詳細交代她的想法。她在校很活躍，理應是善於溝通和社交的，但她對靈性健康只以開心來形容，究竟代表了她的幾多心底話，是一個未知之數。

森美也不依靠宗教，是一位典型的無神論者。她從沒有探討靈性健康這課題，依她見解，活得快樂便是了！

是香港人不是？我不知道

看來香港給予森美一個不錯的觀感吧！她覺得香港是一個比較好的地方，會偏向認同自己是香港人多些，但她對香港的歸屬感仍然是在探索之中。

當她談及對香港人的身分和對香港的歸屬感時，彷彿又看見她個人的掙扎。她在學校擔任一些領導角色，是一位學生領袖，既是同學的榜樣，也是老師的好助手，整體上是快樂的。

無疑她對香港的觀感似是較為正面，認同感多一點。可是她真的不太清楚自己對香港有沒有歸屬感，「我平日也不太留意香港社會的議題和時事」。她對學校之外的社會認識不深，興趣也不大，很少讀本地的報刊雜誌，參與社區義工服務都是限於賣旗和探訪老人院這些學校舉辦的活動。

追問之下，才知道森美課外的時間都是忙於生計：「星期六除了補課，還在便利店兼職。我仍需以兼職幫補自己生活需要，不想依靠家人。」她邊上學邊兼職，不經意的墮入了忙碌生活的循環日程中。這種生活對森美來說，是習慣了的香港新生活模式。

未來？順其自然吧

她的獨立個性使人欣賞。按理她應有一份自豪感才對，但論及一年後的升學就業計劃和人生方向，卻是「順其自然吧！我沒有多大把握和信心入讀大學。」

每位中學生或多或少都會想一想前途，比如會不會繼續升學。森美對這些課題的回答是「可能會繼續讀書，如果成績未達標，退而求其次，便會考慮入 IVE（Institute of Vocational Education，香港專業教育學院），又或返回內地升學」。她還未想好職業的發展，不過若果要找工作，仍希望留在香港。

森美是少數積極的跨境學生，如果不用擔心經濟需要，可以更專心投入學校生活，提升學業成績，增加個人競爭力和對香港社會的歸屬感，這樣，相信她的發展會更可為。

小駿：

入鄉隨俗

香港校園更合適

因為父母的期望，十六歲的小駿成了跨境生。從中一開始，跨境上學已經四年。習慣了跨境，感覺頗輕鬆。

「我從深圳過來上學，交通若不順暢，便需要一個小時。若早一些出門，四十五分鐘便可以了，算是比較近的。」

小駿認為香港的課堂比較靈活，課外活動又多元化，相比在內地上學，香港教育更合適他。話說回來，雖然香港生活較稱心，但他平日放學後都是趕回家的。只有在週末才會放鬆一下，和同學一齊在學校打波，努力投入校園生活。

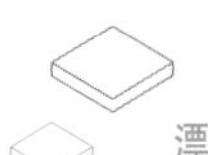

學校給予小駿很多發揮機會，例如：學生大使和領袖生。他願意服務同學，雖然當學生大使和領袖生放學後要開會和值勤，有時要留校到晚上六時多才回家，他都沒有任何埋怨。

「我覺得很新鮮，因為以前在內地沒做過這些工作。而且，過程中也可以學到不少事情，比如提高溝通能力、解決問題的能力等，也可負責策劃、籌備及開展一些活動。譬如最近我們有一個糖果買賣活動，之前我們會做壁報，自己搞宣傳，吸引同學來買東西。老師會鼓勵我們儘量自己嘗試，但遇到一些不順利的情況，老師便會指導或協助我們。」

校園生活多姿多彩，小駿非常滿意。很多中學生初中時非常活躍，參與不同課外活動，高中時卻集中精力溫書預備中學文憑試。小駿認為學業同樣很重要，不能因為參加各種活動就不顧成績，畢竟自己已經升上中四，比起初中忙碌了許多。知易行難，除了數學及通識兩科及格外，他的中英文考試都不及格。如果要升讀專上學院，相信他非下苦功，改變平日學習模式不可。

入鄉隨俗，多關心香港社會

小駿在很多方面，都比其他跨境同學更快適應香港的生活或學習，更加投入和關注香港社會。

「我想知道自己身邊發生了什麼事。我在香港每天都看報紙，回深圳就會上網看一下。有時我想，我住在內地，電視對我影響很深，為什麼不發多一個牌？」

時事的觸覺和好奇心都對小駿的公民身分有影響，他覺得自己是一個「香港公民」，關心社會很重要。

「我覺得，既然是香港居民，就要融入香港社會。來到香港，我儘量放下以前在內地學的那套，同時學香港那些新的、不懂的東西，譬如語言、文化和習俗等等，這叫『入鄉隨俗』。」

課餘時間，小駿積極參加各種義工服務：探訪老人院、賣旗等等，甚至週末還專程跨境來港做義工。他認為這些活動除了能幫助別人外，也能使自己更多了解香港社會。其實很多跨境生都不會這樣積極，作為其中一份子，小駿也明白當中的難處。

「首先要看時間。有些跨境生來回車程兩三個小時，週末不想那麼麻煩再來香港。何況有些活動早上七點多就要到學校，這對要過海關的跨境生來説，難度太高。而且，大家週末可能都有其他事情，沒那麼多時間。譬如我最近有考試，週末要溫習，也不能參加活動。另外車費高昂也是一個問題，有些內地學生是這麼認為的。如果學校時間安排合理以及提供車費津貼，可能參與的跨境同學會多些。」

費用開支對於家境清貧的跨境生是重大的考慮因素，而朋友網絡則是另一個考慮重點，「如果沒有同伴，也可能不參加。我是學生大使，所以我一定要參加。但其他同學不會這樣想，即使對某個活動感興趣，但不是非參加不可。通常會先問問朋友要不要一起，如果朋友不去，自己大概也不去了。」

可見，時間長、車費貴、又沒有朋友同行，都會降低跨境生參與社會服務活動的熱情，減少對社會的投入。

拒絕政治

小駿熱心服務社區，不過對政治則興趣不大，而且非常謹慎。早年香港的雨傘運動，不少中學生都非常關注甚或參與遊行。小駿認為自己仍是學生，未成年，不會參加示威遊行等活動。

同時，他覺得網絡世界不安全，不會在網上分享個人政見：「一方面個人資料容易洩露，另一方面論壇上有很多人很偏激，可能會攻擊你的言論或立場。」

在學校，他上通識科也只是讀報紙，討論一些議題而不會涉及敏感的政治討論。

對比香港學生，跨境同學對政治的態度一般偏向謹慎。他們不一定覺得事不關己，而是考慮人身安全或者怕家人擔心等，不願親身參與政治活動或者公開發表言論，選擇旁觀居多，從小駿的回應可見一斑。

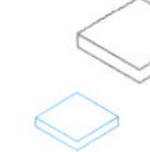

跨境青年 —— 學習安放心靈

接納複雜的家庭背景

回看跨境青少年的家庭背景，父母多是在內地相識，父親是香港人，母親是內地人，當中有重組家庭，亦有單親或分開的組合。如果他們是父母第二段關係的子女，對於兩地父母之間的互動和家庭角色，孩子要有着不同的理解，才能接受家庭的現實。他們總是較親近內地的媽媽，多於香港或內地的生父，相處久了，感情深，容易溝通，對母親的處境多一份體諒和接納，所以一般是和媽媽傾心事多於和爸爸交流（無論是生父或繼父）。再者，內地的母親普遍多花時間與子女溝通，又或犧牲時間和個人安舒，教導他們珍惜學業，並且成為他們努力學習的動機。

以上種種原因，雖然有些青年人的媽媽已經另組家庭，但孩子亦抱着「接納」的態度，學習在困難中獨立成長，不只照顧自己的學業，更會找兼職維生。這個情況從跨境生中可以看得更通透。

謎一般的未來

學校生活和家境直接影響了他們對自己前途的看法。這數位同學與母親的關係不錯，溝通比香港的父親多，部分媽媽還在金錢上支持子女去補習社。英文是這群跨境青少年要克服的共通挑戰，雖然樂晴和阿浩成績不錯，距離大學生活不算很遙遠，限於英文程度不高，他們看不見升大學的出路。成為醫生的理想，對他們來說只是一個謎。

投入不到的生活

文化背景的差異也影響着他們和本土同學的共融。陳魚看不慣本土生的消費習慣，欠缺人情味的交往令她覺得與他們格格不入，對香港同學負面的觀感妨礙了交心的友誼。思想較成熟的她一早看透了社會現實，決定提早進入社會，從兼職中得到了即時的金錢滿足；另一方面，疲憊的跨境生活又磨損了她向上流動的意志，決定不再花心力應付學業；此外，她習慣把個人的煩惱收藏在心底，只會與老師作表面上的分享，影響對學校的歸屬感。

森美在學校積極投入，卻為了生活所需而奔波於兼職，她和陳魚一樣邊上學邊兼職維生，時間填得滿滿。小駿本是少數入鄉

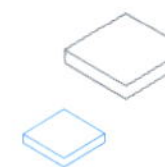

隨俗的跨境生，常作義工服務社會、留意香港報章新聞等，但對社會時事不太清楚，只抱着香港居民的身分。面對未來，他對升讀大學無信心，對前途也「不知道」。

若果香港社會要為這群跨境青年創造成功的機會，就必須先明白他們遊走兩地的實況，還要了解他們在個人發展、交友網絡和家庭處境的挑戰。

開心最重要

「快樂」或「開心」是他們對靈性健康的看法。宗教經驗絕無僅有，幾乎是完全不存在他們平日思考的範圍內，也沒有多一點的經驗可作參考。總之，能夠在獲取好成績，又或是英文科進步，便是他們目前首要的任務和滿足感的來源。當然，他們對生活滿足感的認知，也反映了香港學校的考核教育文化。無論學校有否宗教背景，師生關係是否親密，學生的着眼點仍是放在成績的表現，價值觀或靈育的探討甚少。

二、新來港學生

努力、向上，等待飛翔

倩婷：

忘記背後，重尋幸福秘訣

迷途知返，發奮圖強

三年前，倩婷剛從內地來香港讀書。十五歲，中學三年級，和許多少年人一樣，當時的倩婷正處於反叛期。

由於在內地讀書時欠缺知識根基，倩婷來港後成績不理想，英文科不及格更是常態。初來報到便要馬上適應艱深的英文，學習上得不到滿足感。久而久之，她對讀書的興趣也大大減少，「反正都聽不明白課堂的內容，索性不讀了。」

因着學業上的不滿足，倩婷嘗試在朋輩關係中尋找滿足感，認為有朋友即是成功。倩婷每週都回內地，找玩伴到 KTV 唱歌玩樂。那些玩伴多有不良嗜好，有的甚至是癮君子，而她也曾看到有人買賣毒品。雖然她不認同這些行為，但渴望朋輩認同的她無法離開這個群體，「他們食煙、喝酒、吸毒。我不做那些事，但我會和他們唱 K，唱到凌晨一兩點。」

這場醉生夢死的「享樂」持續了兩年，直至有一天，倩婷終於從夢中醒來。那是一個非常真實的噩夢，倩婷夢見有警察追捕一群「飛仔」，自己竟然也是其中一個，在試圖逃脫的過程中，警察開槍了，自己險些中彈。她在過於真實的恐懼中醒來，並深思：「難道這是自己的未來嗎？」倩婷想起父母的苦口婆心，又想起自己的渾渾噩噩，便反問自己：「難道真要這樣一輩子嗎？」

為了不讓夢境成真，倩婷決定痛改前非，開始了遲來的發奮圖強。她知道學業重要，免得父母憂心，升了中五後便開始用功讀書。

長大了

「從前無論別人說什麼都沒用，我仍是不聽，但後來自己想通了。」

如今，倩婷開竅了，知道自己長大了，不能再以嬰孩渴求大人關注的方式去處理事情。想到父母從小對她的教導，一概被她當作耳邊風，現在後悔，感到自己非常不孝；慶幸父母一路上沒有放棄她，仍然在她身旁引導她正確地思考，令到迷途的羔羊沒有繼續走向錯的路，回想起來，「想感謝我爸爸，他從小就教育我，並且引導我思考。」

長大了的倩婷展示出她成熟的一面，但從她的説話中不難看到她對昔日的放任流露後悔之情，「已經是中六生了，我知道今年升讀大學的機會很微。」倩婷感到自己以往浪費太多青春，現在才起跑已經比別人慢了。如今文憑試步步逼近，不禁感歎吾生有涯，而知卻無涯。

但是，不放棄，還是會有希望的。倩婷也相信這個道理，無論如何都要加把勁，「沒信心文憑試英文科能及格，如果今年考不好，我想重讀一年，試試再拚搏一下，希望還有機會挽回，可以考入大學。」

的確，倩婷覺得，現在是自己應當努力的時候。距離文憑試開考的時間所剩無幾，對於自己向來最弱的英文科，倩婷除了在校開始認真學習外，課後也儘量為自己安排操練英文的機會。「英文不是説考試前溫習就夠，要靠平時積累才

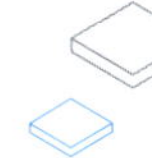

可以，可能現在才開始的確有點遲，所以都很害怕，不知將來怎樣？」現在，倩婷漸漸把閱讀英文書籍、觀看英文電視節目作為習慣。每次看英文電影，也儘量不選中文字幕，而轉選英文字幕，強迫自己多認識些英文生字。

學會知足

倩婷的父親年過六十，母親也過半百。二十年前，父親從香港去內地謀生，做五金生意，在內地結識了倩婷的母親，婚後一直定居內地，直到三年前，倩婷的父親攜同妻女返港。父親是香港居民，擁有合法居留權，因此，倩婷和母親也自然獲得居港權。

到港後，倩婷讀書，母親持家，而父親便從事維修行業，有一份固定收入養家。今年，父親退休了，家中的經濟頓失所依，現在一家三口靠領取綜援為生，生活質素不如從前。

雖然家中經濟拮据，與家人的關係卻變得親密，倩婷覺得現在的生活很開心，也很幸福，「雖然爸爸退休後，家裏經濟條件轉差，但是我跟爸媽的關係卻很好，所以現在很開心、很幸福。是的，是真的很幸福！」

從前，倩婷做事只求自己快樂，喜歡與朋友在外大吃大玩，完全不理父母的教導。父母多說兩句話，她便會很不高興，摔門離去，讓家人擔心至天黑才回家。現在，倩婷好像從夢中醒過來，忽然明白了家人的重要，愛與家人在一起的時間，「現在感覺媽媽就好像朋友一般，我們常常聊天，無話不談。爸爸也很疼愛我。他喜歡看書，會跟我講歷史、講社會，啟發我思考，分辨黑白、正負兩面看問題。」

是爸爸教我是非黑白

提到父親時，倩婷臉上的自豪感難以掩藏，「我通識科的成績很好，可以拿全級前五名，這歸功於爸爸平日對我的教導，尤其與他討論香港時事，使我對香港社會有多一點的認識。」原來，倩婷對香港的社會政制不甚了解，「我很少看新聞報紙，我平日上通識課都不聽老師講解，書也不翻。」爸爸還教會她分清是非黑白。在倩婷眼中，父親的教導比學校老師更佳，「不是我驕傲，上課只會教授作答的技巧。我卻會把自己的看法和分析寫出來，不用老師教，我的思考能力不錯。」

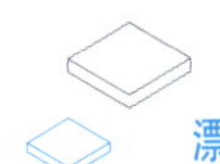

感謝媽媽使我當歌后

倩婷有一副好歌聲，雖然她未受過專業訓練，但她的唱歌表現是被肯定的。在學校，倩婷是公認的「歌后」，三年蟬聯學校歌唱比賽獨唱組冠軍。母親知道倩婷愛好唱歌，也會幫她報名參加一些內地的歌唱比賽。倩婷說，她在內地比賽曾獲獎，一次有九千元獎金，另一次獲一千元，為了報答媽媽的鼓勵，她把獎金全部送給她，讓媽媽可以分享她的成就和喜悅。

雖然唱歌為她帶來「名氣」和「金錢」，倩婷卻沒有視唱歌為她職業發展的路徑，「我不想吃『青春飯』，現在還是想腳踏實地，先努力讀書。」

倩婷表示就算比賽失敗也不會心有不甘或難以入睡，反而視失敗為一個珍貴的學習經歷，「唱歌比賽也不是每次都拿第一，也輸過很多次。但輸了，難道就放棄嗎？當然不是。我只會繼續練，練到進步，練到拿獎為止。」倩婷學懂了怎樣安頓自己的心靈，調校期望，免得心情易受環境影響而失去了心中的平安。

生活使我幸福

倩婷認為自己的靈性健康不錯，因為家人幸福，開心便是滿足的泉源。「我的家不是很富足，但我是很幸福的。」她滿足於眼前的事物，尤其為自己和父母的關係感到自豪，「很多朋友與父母不和，整天跟爸爸媽媽吵架，感恩我與父母的相處像朋友一般。」她清楚明白自己這兩年來的改善，為身邊的人和事也作出了很大的改變。

倩婷也很喜歡自己的學校、老師和同學，雖然被稱為「新來港學生」，但學校的關愛文化很強。倩婷覺得，香港的教育相對自由，學校給學生提供許多不同的學習機會，而非局限於教授課本知識。例如，她喜歡視覺藝術，便去選藝術大使，跟老師四處去參觀博物館、看展覽等擴闊視野。老師也很關心學生，常會找學生談心；相反，內地的學校師生關係沒有那麼平等。

倩婷憶述，有一次老師見到她眼睛紅腫，就馬上詢問情況，是否遇到不開心的事，同學都很友善，從不會排擠她。倩婷兩個最要好的朋友也是從內地新來港，大家交流多，共鳴也多。平時，倩婷或是邀請她們來家中共餐，或是閒暇一起出遊，或在學習上一同加油、彼此鼓勵。

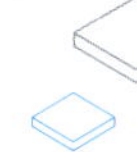

在基督教學校讀書，倩婷領受到很多基督教的良善，但自知性格仍未定下來，害怕受宗教的拘束，她寧願相信自己，「不會信有主宰，否則每個人只會推卸責任而不會有動力去做事。我選擇信自己的努力。」

為未來努力

「如果在大陸，我當然會説自己是香港人，但不會有種優越感。」倩婷視香港為她的家，希望自己對這個家能有所貢獻，夢想成為一名設計師。她選修視覺藝術科，除了本身興趣、畫畫技巧高超，加上她努力不懈，上年度更在考試中取得該科全級第一的好成績，總算是對師長和父母，以及自己有所交代。但她並不自滿於現況，她明白「天外有天，人外有人」的道理，更是希望自己繼續努力，務求考上大學。

為了夢想，她認為應當把握當下——努力，更努力。

阿耿：

命裏無時莫強求

愛學校不愛學習

阿耿是個豪邁、直率的男孩，即使是初次見面，也能一見如故，聊天時很容易打開話題。

比起在家，他更喜歡回學校，「我從中一到中六都有很多朋友，香港、內地、外籍朋友都有。我把朋友都當親兄弟來看待，哪裏人都一樣。和我最好的一個兄弟是英文班的，中國人，但從小在菲律賓長大。我們一起參加學校游泳隊，有福同享、有難同當！」小小年紀就會講義氣、重感情，難怪不少同學都喜歡與阿耿做朋友。

阿耿對於體育的熱忱，並非只單單視為與朋友作樂的消遣活動，而以體育運動是生活中不可或缺的一部分。當談及自己喜歡的運動時，阿耿的嘴角總是不住地上揚，「我喜歡

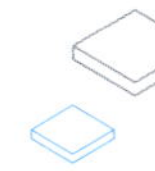

跑步流汗的感覺，就算心情不好也會開心起來，好像一種發洩，跑得愈快，自己愈精神百倍。游水感覺比較溫和、輕鬆，有時在水中回想一些好玩的事，會在水裏偷笑起來。」每天除了要上課之外，阿耿把大量課餘時間都放在體育訓練上。

阿耿喜歡學校的原因，就正如他自己所說，僅僅是因為有很多朋友，也能參與體育活動。

最難是功課

數學是阿耿最弱的科目，中文和通識科成績也較高危。英文成績則因老師調整課程難度，先幫學生補底，循序漸進，阿耿便慢慢追上進度。但整體而言，阿耿成績仍不夠理想，中六時只好退修兩門選修科。

平時遇上功課不懂，阿耿只會問同學，不會去問老師，「我根基差，不管老師怎麼解釋，我都不明白。問朋友就不會那麼尷尬。」難以想像，這樣一個豪爽的大男孩，也會因為要問老師功課而感到害羞。但是，很多同學也像他一樣一知半解，未必能夠幫助他。

既然問老師會尷尬，問父母又如何？提及父母，阿耿的表情沒有太大變化，語氣卻是十分委屈，「父母都很忙，很少能教我學習。大部分時間就是我獨個兒而已，我在家裏不溫習，特別安靜，只是獨個兒一直玩手機，沒有什麼做。」對於補習，阿耿覺得浪費金錢，何況他對學習也是漠不關心。

阿耿的學習動機較低，更無意願入大學繼續讀書，卻唯獨鍾愛體育。在學校上課時，阿耿經常處於半堂聽、半堂走神的狀態，很容易覺得無聊，有時索性伏在桌上睡覺。放學後，阿耿會參加學校游泳隊、田徑隊的訓練。回家後，即使第二天就要測驗或考試，但面對密密麻麻的溫習材料，阿耿心一涼，也就「聽天由命」了。見到一個中六的孩子如此的學習態度，也真讓人為之捏一把汗啊。

問及將來的出路、計劃，阿耿依然是以能做到運動為大前提，「我會選擇體育學院，因為我就是喜歡體育啊，以後想做教練，或者投考消防員，可以救人，也很開心。」

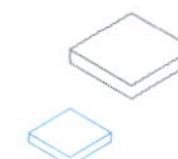

孝順但不會失去自己

阿耿的理想是成為體育教練或消防員。然而父母對他卻另有期望。阿耿在內地生活時，一直由外婆照顧，雙親在香港忙於打理餐廳生意，希望將來阿耿能夠接手，「但是我不喜歡。我寧願放棄做餐廳老闆，也想做自己喜歡做的事，而且我覺得在外面工作比較有滿足感。」這番説話，傳入重視入孝出悌的中國人耳邊，一點也不動聽，然而阿耿顯然已有自己的打算。

雖然阿耿堅持走自己的路，有時還是口硬心軟。每當父母有需要，阿耿還是會去餐廳幫忙做侍應，「為了他們不要那麼辛苦，稍微分擔一點……」畢竟是「太子爺」，阿耿不時會對餐廳營運提出一些建議，但不少情況也只是好心做壞事，兩代人的想法難免有分歧，「爸爸説他不想做的事，我全部做了。我們一吵就搞到全家人不開心，前幾天也剛剛發生。」或許，這也是阿耿不希望接手餐廳的原因之一吧。

命裏無時莫強求

和阿耿聊天，一路有一些出乎意料的反應，譬如是愛學校不愛讀書，又譬如是不想接手家族生意，但又對餐廳營運有不少個人意見。當我們討論到宗教信仰這個話題時，阿耿依舊帶來出人意表的回答。

阿耿説自己沒有宗教信仰，但是相信冥冥之中有主宰、有注定的説法，「對啊，全信。很多時候，自己不想遇到的事，終究會遇到；想遇到的事，終究不會遇到。這應該就是命中注定。」年紀輕輕就有如此悲觀的思想，阿耿解釋那是因為小時候想要玩具，但是父母從來不買給他，「就算跟父母説，他們也不會給我買。我只能看電視、做功課、讀書，電腦是不可以玩的。你想要什麼，他們都不會給。有一次舅舅給我買了玩具，他們也叫舅舅帶回去。我本來想要的，但就被拿走了，沒了。」對大人來説的一件小事，在小孩子內心其實造成了一個陰影，但善良的阿耿沒有選擇埋怨父母，反而選擇相信沒有玩具是天注定的，這種想法一直延續至今。難怪阿耿對學習也是抱着聽之任之的態度，可能這樣的話，即使考得不理想，也不會怪責自己吧。

阿耿的父母也許不能給予他最大的關愛和教育支援，但他不想把責任歸咎給父母，他知道父母是為了自己好，嘗試去理解他們，「他們為了承擔養家的責任，工作得很艱苦。」於是，他選擇埋怨「天」了！什麼是「天」呢？阿耿其實不清楚，只知道自己有自己的無奈，父母也有父母的無

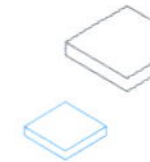

奈，大家都沒有選擇呀！可能是為了讓自己心裏好過些，可能也是自我精神保護，不願意相信是人的不善良，寧願相信是命運早已有安排，而把責任都轉移到「天」上，以「天注定」為由，將那些「不想遇到的事」合理化。

信命，也想信自己

這些年來，阿耿一直嘗試做一個「堅強」的男子漢。遇到不開心的事不會與家人或朋友傾訴，不希望自己的負面情緒影響別人。「大多數不開心的事都是我一個人承擔的，從小我就習慣了。無論多艱難，都要打起精神，要闖過去，不要苦着臉。我只會把快樂帶給朋友。」

年紀輕輕的阿耿，思想已經十分獨立，雖然信命，但仍堅持努力不懈。再次提到自己的夢想與父母的期望，阿耿表示依然會堅持自己的想法，「其實，就算他們不讓我做，我也要做，因為我真的喜歡體育運動。我想做好自己。」阿耿的父母也漸漸對阿耿的堅持屈服，「以前他們反對，但現在也同意讓我選擇了。」

阿耿對成功也很有自己的見解，他認為成功應該帶來滿足感，「就像體育，當我付出極限的努力，甚至會流淚流血，但在每一次超越自己的時刻，都能獲得最大的滿足，感覺沒有一件事能比這個更爽。這就是成功。」這份滿足感，相信是阿耿在學習如何保護自己的心靈，免傷害的經驗中體現；即使阿耿對餐廳營運提意見不被接納，都沒有因而氣餒。現在看來，對話中看似滑稽的「反轉」，其實正正是阿耿在這説短不短的數年間，在人生路上遇到一個個分岔口上學會的。

陽光背後的心事

可能有人對阿耿的人生態度感到欣賞，也有人可能因着阿耿所面對的種種抉擇而擔憂，但其實要幫助他，首先要了解他選擇安放心靈的策略。家庭關係、學業不理想都是煎熬的事，在理想與父母的期望之中，子繼父業的傳統思想，是阿耿與父母考慮前途時要面對的心理關口。但如果和阿耿聊天，哪怕只有一次，你也一定會記得他那張陽光的笑臉。阿耿有很多心事是不會告訴別人的，卻在與本人初次見面時透露了這麼多。跟青少年相處，需要營造特定場境，適合較深入的接觸和相處，才能使他們開放自己，讓別人進入其內心世界。

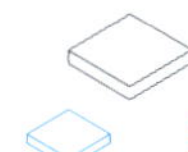

小羅：

安放心靈在耶穌手裏

移民、植根、新開始

小羅出生於廣東。六年前，小羅十一歲，隨母親來港定居，父親獨自留在內地，後來不幸離世。小羅的母親很快就為他找來新爸爸，那是一位在香港的內地新移民。小羅的母親與他結識並相愛，後來結婚，他成為小羅現在的繼父。

小羅的母親及繼父均是保安員，由於母親當日班，繼父當夜班，一家人很少能同時在家中出現。一家三口月入二、三萬元，在公屋居住，生活尚算可以。小羅的母親很照顧小羅，有時會預先準備好晚飯，給他放學後可以吃。

跟很多內地新來港的青少年一般，小羅來港後最難適應的是家庭成員改變了，日常的生活跟以往也很不同。

沒有成績卻有朋友

新學校是其中一個要適應的問題。

內地移民同學在學習上碰到最大的挑戰是英文，小羅表示贊同，「英文根基不穩，又無興趣去學。」老師曾經鼓勵他參加英詩朗誦，希望培養他對英文的興趣，小羅聽了老師簡介後，也非常雀躍想試。可惜，那次的經歷並不愉快，「其他同學在台上都説得一口流利的英語，又背得很好，我卻是斷斷續續，又記不起內容，真是叫我很自卑，以後再沒有參與任何英詩朗誦。」除了英文外，小羅的數學成績也未如理想，「今年數學成績都是僅僅及格。」能見人的恐怕是只有中文科成績。這個現實或多或少讓小羅在學校感到自卑。

不過，讀書歸讀書，讀書的自卑感並不影響小羅在學校的參與度。原來，小羅是校內紅十字會的「資深」成員，自中一開始參與，憑着他平時在朋輩間的活躍，中二時已經是聯誼部的負責人。此外，小羅還有參加校內的宗教活動，譬如是福音籃球隊和學校團契。閒時他也會去做義工，最常做的就是探訪老人院，他會設計一些活動讓長者動動身子，放鬆一下。

「（在學校）很開心，因為認識了很多朋友，幾乎每班都有；有內地來港的，又有香港土生土長的；老師又很照顧我，校舍的環境很舒服又美麗，所以我很滿意。」但小羅也知道自己的能力不足，只限制自己參與非學術活動，止步於有要求的社團門前，「有人邀請我當風紀，不過我拒絕。風紀不易做，別人對我的要求很高。」

香港的事好無聊

新身分對小羅來説也是一個挑戰。

居港六年，説長不長，小羅認為自己是香港中國人，「我在內地出生又在香港居住，所以我是香港中國人。」他坦言自己對香港的歸屬感只有「一半一半」，平日也很少留意香港新聞，只在每天晚上和媽媽吃飯時，聽着媽媽評論幾句而認識當下香港的情況。小羅不關心香港的社會議題，卻知道香港存在着很多政治上的不公平，也提到知道「政府黑箱作業」，但他直指這些事情「好無聊」。自己對社會的關注度，小羅只用六個字就可以總括了：「不清楚，沒興趣。」

不過，當講及香港人對內地人的態度時，小羅顯得非常激動，忍不住控訴香港人對內地人的偏見，「每當論及負面消息，如隨街大小二便，不衛生拋垃圾、走私等不當行為，明明不是內地人做，但都會被指是內地人所為。」小羅對內地人的身分似乎有更大認同感，起碼他會下意識地為香港人對內地人的不公平待遇發聲，顯得一點也不如先前討論香港社會時的漠然。

信仰上的安慰和期盼

「我相信上帝已經為我準備一切。」

來到香港後，即使看到自己的同胞遭受不公平的待遇感到憤慨，這兒還是為小羅帶來了不少好事。其中最美好的就是認識了神。小羅在內地時，因為社會的風氣，沒有很多機會接觸宗教。小羅第一次聽到基督教信仰是在香港升讀中一那年，「我參加了迎新營，認識了上帝。」

之後經朋友介紹，小羅開始上教會，他用了「家」這個溫馨的字眼來形容教會給予他的感覺。教會裏熱心的信徒也讓小羅認識到人性的善良，「大家對我非常好，他們知道我最怕學英文，主動為我補習英文。」但這份對學習的熱情未能感染到小羅。從一開始就沒有打好的語文根基，加上日常甚少使用，小羅很難再對英語提起興趣，「補了一、次兩次後覺得無興趣便停止。」

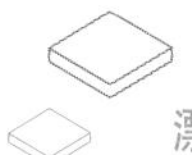

然而，這並沒有影響到教會對小羅整體的幫助，「我常常返教會，不用獨自在家上網那麼無聊。我的性格就完全改變。」小羅從很多見證中看到其他人歸信耶穌基督後，帶來很大的生命改變。

對他來説，這的確是一個很明顯的改變。以前的他沉迷於電腦遊戲，足不出戶，對學習不上心，與家人也很少對話，常常吵架，「因為沉迷打機，什麼時候都想着打機，在家時匆匆飲湯吃飯後，就趕緊對着電腦。」自從上了教會，社交圈子擴大了，而且找到了人生目標，小羅整個人也開朗積極起來。

這個改變讓小羅的母親非常感恩，「現在回家後我很少開電腦。臨近統測，反而有時會溫習，吃得多了，媽媽見我有這麼大的改變很開心！所以，她間中也會跟我返教會聚會。大家關係比以前好得多。」

小羅認為活得開心便是真正的靈性健康。信神後的小羅變得積極，對開心的理解也變得有所不同。意想不到的是，連帶他對香港這個城市的看法也變得正面了，「這個大城市，我認識了很多人。知道多了，體會多了！」

努力實現夢想

走出電腦遊戲的世界，接觸了真正的社會後，小羅看到街上穿戴着有代表性的制服，為民除害、警惡懲奸的警察，覺得他們很威風，希望自己也能成為這個團隊的一員。他知道投考警員，要求有英語能力，或多或少開始後悔沒把握學習英文的機會，現在對這個夢想最終能否實現抱不大的希望。其實有心不怕遲，現年的小羅也不過十七歲，從現在開始努力學好英文，早晚還是能實現夢想的。希望小羅不要為此而喪氣。

「我相信冥冥中是有注定，神已經為我早有預備……但我也知道要靠着自己努力才能改變命運。」現實也正是如此，上帝會為祂的子民鋪路，但不會為我們作出選擇，最後要不要走這條路的決定權，始終在我們手上。如果我們選擇了跟從，祂必定會帶領我們。「我學會了與別人分享想法，也會向上帝祈禱，尋求神的旨意」。藉着這個道理，希望小羅能依靠着上帝的同時，也會努力為自己實現夢想。

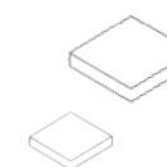

對於很多從小沒有宗教信仰，經常兩地奔走，缺乏穩定社交生活的新來港學生，小羅的見證可說是一個不尋常的新來港青少年故事。

可彥：

拒絕命定，積極追夢

努力，不為別人，為自己

可彥是廣東人，來港六年，與父母及哥哥住在一起，媽媽和比他年長四歲的哥哥均從事飲食業，爸爸已退休。

可彥今年十九歲，就讀中六，年紀比同班同學稍大，使他在外貌和思想上都顯得比較成熟。他的左耳有嚴重的弱聽，清貧的家境及自身的缺陷不單沒有成為障礙，反而塑造了可彥堅強的追夢意志，「機會是留給有準備的人，所以自己必須不斷嘗試、爭取。」雖有耳障，但素來勤懇、成績優秀、積極參加學校活動的他，被評為學校的「傑出學生」。

努力就能成為傑出學生

可彥做事認真，富責任感，學習動機也很明顯，「有時，老師會迫學生做功課或者參加學校活動，但我不是因為老師迫我才做，如果我認為做這件事會讓自己有收穫，是為自己好，我都會用心去做。如果只是應酬別人，我索性不做。」

雖然他也承認有時人不能勝天，有些客觀因素可能不受自己控制，譬如天賦、機遇、環境等，但是他堅信天道酬勤，無論如何都應該做好自己能做的事。「我鄰座女生音樂超級厲害，她一聽就知道那是什麼音，但我怎麼聽都聽不出來，這是她的天賦。但如果我真的想學習音樂，有可能我的勤奮也可以成為我的優勢。」

有時努力的結果，不如自己的期望，這種情況比比皆是，可彥也遇過不少，但他沒有氣餒，而是在下一次付出更多的心機和時間，務求做得更好，「我英文不好，因為香港的學生在幼稚園時已學英文，我在內地小三才學英文，比人遲那麼多年，基礎很差。我一直努力溫習英文，總覺得付出與收穫不成正比例，成績的進步卻不大。所以我計劃要努力，空閒時間都放在讀英文上。」可彥把成敗歸因於自己是否夠努力，即使不如他人成功，也不會責怪自己的出身，或者家人未能提供足夠資源。

爸媽的照顧就足夠

可彥的父母已年過六十。父親是酒樓廚師，母親原本也是，現在轉做清潔工。可彥擔心這樣的家庭條件，也許會大大限制他的發展。雖然他也希望自己的父母能有更高的學識，可以監督他的學業成績、了解他的學習達到什麼水平，從而幫助他學習，現實卻總與理想背道而馳，「我爸爸媽媽的教育程度較低，功課方面他們不知道如何幫助我。」但是，令可彥感到真正慶幸的，是父母對他無微不至的關懷，「我媽常常煲湯給我喝，我考試時，每天一碗湯水，實在是一件很窩心的事。媽媽有時說：『我也不懂學業的事。』我說：『你煲湯給我飲吧！』」在他看來，努力是為自己的事，並要回報父母和社會。

可彥的父母較為木訥寡言，像大多數中國父母一樣，雖然會為懂事的小兒子感到驕傲，但很少會出口稱讚，只會默默地提供更多的支持和照顧，就像是考試時，每晚一碗補身湯水。

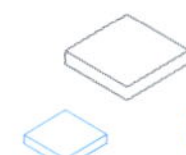

受到稱讚實在是一件令人愉快的事，略顯成熟的可彥，也禁不住與本人分享了自己最近從母親那裏得到的肯定，「今年我拿學校『傑出學生』獎，媽媽說了一句：『我感到很驕傲。』」得到這樣的肯定，可彥大呼「好感動！」他知道母親不說，但一直在他身上投放很多資源，希望自己以後工作能夠回報她。

最重要是健康的心靈

相信努力的可彥，不信神也不信命，「我不相信冥冥中有注定，人生是靠自己改變，不是天注定。雖然改變未必很大，但自己可掌舵。」他表示尊重一切不同的宗教，也會在別人的分享中，擷取引起自己共鳴的部分進行反思，思考對事情和生活的態度。

這樣的他，對靈性健康有着獨特的見解，他認為靈性健康需要一個清醒的頭腦和沉着冷靜的心境，「首先不要有自殺念頭。這樣可以穩定情緒，清楚自己在做什麼、為什麼去做，是好還是壞。若是壞，為何要做這事。」

可彥說出了靈性健康對人的重要性，一個健康的心靈，應該是人們用以堅守自己的一個目標，「有時心靈受外界影響，首先會問自己，為什麼要會做或不做。有時雖然做錯決定，但至少在過程中取得經驗。」如果做壞事，傷害別人，這心靈就不健康。要獲得健康的心靈，就需要再學習做好自己，不走歪路。這樣說來，也有一定的道理。

不可切斷的繩

「我們一出生就是中國人，香港是特別行政區，香港與中國以『繩』聯繫，地域上，兩者是先天性不能分割。若『繩』被切斷，就不屬於中國。在環境上，雖然內地較封閉，香港較開放，但這方面影響不會太大。」有着這份對祖國濃厚的情，令他很想為祖國貢獻，認定自己是中國香港人。一國兩制下兩地文化相異，令他有着更強的使命感去幫助兩地融合，譬如是幫助內地移民融入。可彥希望藉着自己的經歷和知識，回饋香港這個同屬於中國的社會。

出身於內地，以及新移民家庭背景，讓可彥夢想成為一名社工，幫助一些與自己有相同家境的人，「我來自新移民家庭，我清楚新移民的挑戰、苦況，我覺得將來會有更多新移民來香港，需要別人幫助。」同時，可彥患有耳疾，但因

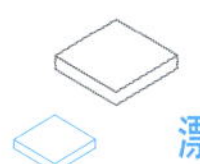

為家庭情況，直至六年前來到香港後才就診，他也希望自己可以幫助新移民中的殘疾人士，「希望以後可以做些事情，鼓勵、幫助他們。」

可彥的夢想得到了同學們的支持，更有視障同學會邀請他一起到心光盲人院暨學校參觀，這些友善的舉動讓可彥深受鼓勵，更希望實現夢想，幫助他人，「那間學校有百多年歷史，我見識到失明人士在香港有很多支援。我覺得做社工比較適合我，可以讓我發揮自己的能力，回報社會。」

現在是未來的「綵排」

可彥以當社工為目標，如今，他把每次為學校服務的機會都視為累積經驗的途徑，「學校會舉辦很多活動，並找學生幫忙。我覺得現在服務學校，是為以後服務社會綵排。」他對家庭和社會也有承擔，決心努力去奉獻自己。老師看中他的優點，毫不吝嗇地給予很多培訓和發揮他領導能力的機會，幫助他逐步建立自信。

可彥在中四那年曾經擔任社長，負責聯繫社員，組織球類或其他體育活動，統籌運動會，還要鼓勵同學團結、積極參加不同活動等，他自豪地表示自己當時「管理學校四分一的學生」。此外，可彥還會在友校到學校交流時，幫忙接待交流生，帶他們遊覽學校。學校每年舉辦校慶典禮時，可彥也會申請做義工，幫忙接待嘉賓，為了解答嘉賓關於學校的問題，他都會先做資料搜集。雖然這些義工活動花掉不少溫習時間，他卻認為現在的他需要這些機會鍛煉自己，日後才能做得更好，「這些活動可以幫我更認識學校，加強個人對學校的歸屬感，而且可以培養我的責任心，學習幫助他人。」

可彥比其他高中生成熟、實幹和勤奮，可謂名副其實的傑出生。追夢的決心和對回饋社會的抱負，驅使他努力珍惜當下的生活，縱然家庭的支援不足，但其目標清晰，決心克服英文，他主動、積極向上的性格為他贏取了不少機會。

他對如何實現自己的夢想有着清晰的想法，也明白要成就大事，過程中不免會使用未完善的方法、錯的方法，浪費了時間和精力，但這些在可彥的眼中，都不構成障礙，反之，應該是減少日後碰壁的「綵排」。

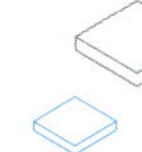

李豪：

信念可移山

機會是給努力的人

李豪的父母年過半百，都是內地出生的。他們都以家庭團聚為由，申請來港與李豪的祖父母同住。父親已經退休，母親是全職家庭主婦。李豪有一個姐姐讀中五，他則是中三學生。由於家境及當時的環境狀況，李豪的雙親都只有小學教育程度。來港後，一家四口依靠綜援維生，家境清貧，關係卻是非常融和親密。

沒有埋怨，只有感恩

像一般的新移民家庭，李豪的父母對子女的學習支援都極為有限，平日也很少過問姐弟倆的學校生活。父母對他的學校了解不多，加上教育水平不高，唯有相信子女有能力處

理好自己的事情，而讀書求學就是他們自己的事情，「他們對學校的活動沒有興趣，媽媽多數在家，爸爸也甚少參加學校的活動，有一次學校搞燒烤會，他也沒有興趣出席。」

家庭環境拮据，使李豪變得獨立自主。他善用時間，編好自己的學習生活，在學校也是領袖生。他經常留校做功課至下午六時多。久而久之，他發覺努力工作的，不單是他一人，更看到老師「經常工作至晚上八時，天天如是，也體會到老師們的辛苦。他們應該多些時間休息。」他把老師們的教學熱誠和早出晚歸的勤勞付出都記在心中，感謝他們營造了這個令人滿意的校園生活，「在校我很享受課堂學習，氣氛不錯，同學認真學習。」

而推動他努力學習的不只是老師的教學熱誠，也因為他比其他同學年長，中三年級的他已經十七歲了，思想也較同班同學成熟。李豪很主動去探索未知，「有功課不懂就問老師，老師介紹一些學英文的網址，我就會上網多聽英文和多講」。

另一個秘訣，相信是他家庭教育。雖然李豪的父母不過問他的學校生活，但是很關心他的學習，對他寄予厚望，

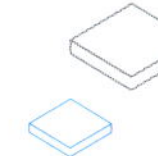

「屋企人說讀書好就會有好將來，所以他們希望我可以好好讀書。就算上課時同學不專心，開玩笑，我也會專心上課。」而且，父母非常關心他和姐姐的日常生活，處處都問得很詳細，這樣的家庭文化可以鼓勵他努力向上。

李豪是陽光男孩，父母的支持和關懷，使他無懼新移民的挑戰，很積極投入學習和擴闊生活圈子，「大家傾得來就會一齊傾偈，不會因為他是內地生而更多的來往」。李豪豪爽的性格幫助他擴大朋友圈子，這也是他在港產生較強歸屬感的原因。

入鄉隨俗，隨遇而安

談及身分角色，李豪已心中有數，毫不猶豫地表示自己是中國人。在香港居住多年，李豪對這個城市有很大的歸屬感，對社會的關心程度，可算是目前見過的新來港青少年中最高的。當問到最近香港的時事話題，李豪如數家珍，「鉛水事件、公屋加租、消防員殉職……我每天都會看電視新聞，使用手機、Facebook 等留意新聞。」也許李豪是眾多新來港學生中少數熟悉港聞的一位，比起只會嘴上強調中國與香港為一國，但在日常生活中常常分隔內地和香港的孩子，他確認自己的國籍，也投入於這個名為香港特別行政區的居住城市，是真正的融入。

雖然背景和家境對個人成長有很重要的影響，然而個人的努力和主動的性格可以改變處境，李豪就是一個好例子。他主動認識香港、融入社會，對這個城市的熟悉程度高了，陌生感也自然減少。在新環境也不會顯得畏首畏尾，「差不多日日讀報紙或新聞，我對香港有歸屬感」。這一點在談論身分和歸屬感的對話中盡見，李豪的回答大多建基於事實，而不帶有過多的個人感情或政治色彩，那是因為他對自己的身分清晰，也熟悉香港。

這種更強的安全感，是李豪很快適應新生活的一個原因，他對日常生活的種種，沒有初來報到的不安和那種小心翼翼的心情。李豪笑言自己平日還是生活開心的，「我的睡眠質素不錯，胃口也不錯，三餐定時定量。」李豪愉快的生活就如一首流行曲的歌詞，「食得落睡得好，天天裏笑得開口」，也許這是他對生活的追求態度。

只信自己

李豪樂於接受新事物，這一點從他極速適應香港生活，就可以顯示出來。對於宗教信仰，李豪不抗拒。雖然他在一

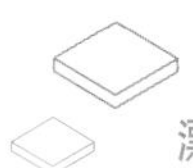

所教會學校讀書，卻傾向佛教，但他也說明，「我對佛教有好感，只是不能說是很認識。」

當被問及對心靈健康的看法，李豪認為是一些較為虛無，單憑想像的力量，「心靈健康就是精神依靠，有一個支持，但我不信。」李豪同意沒有心靈健康也能好好生活，因為他更相信自己的能力，「對我來說，自己問題自己解決，不會遇到困難時去祈禱尋求別的幫助。」李豪在談話中一直顯得比較成熟，喜愛用個人力量解決問題。

也許李豪有很強的自信，他把靈性健康視作一種精神依靠，既不相信神明也認為沒有自己解決不了的問題。面對未來，他一方面表明自己的能力無所不能，「我想做醫生，因為對醫學有興趣。文憑試要考好的，有八成把握」，但另一方面，也說「英文這關未必可以闖過」。一下子像被打敗了一般，顯得有點沮喪，在短短兩句的對話中，剎那間被「英語」兩字打倒。是他把自己力量看得過高了嗎？還是反映出他這樣的青少年本是桀驁不馴，對未知雖然不擔心，但也沒有計劃？寄望他那顆求知的恆心可以繼續為他的未來帶來新的成功感。

郭君：

活得有意義就有未來

開心、有意義和有目標

「我覺得靈性健康就是對自己的生活充滿期望，每天過得很開心。人最重要就是開心，開心就有意義、有目標。」

郭君沒有宗教信仰，對事情的看法很有自己的一套。她認為，人在不同的位置，要做不同的事情，就是有意義。譬如在學校要努力學習；做人兒女，應當孝順父母；踏入社會，可以幫助有需要的人，拾金不昧、讓座這些都是舉手之勞。

「但對於我來說，現在最主要的還是學習。」

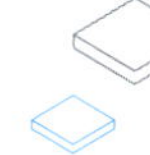

吃力的功課

三年前，郭君跟隨父母從內地來到香港升讀高中。

郭君在校的整體成績一般，與大部分內地新來港學生相同，認為學習英文是最困難的。內地的英語學習較香港起步得遲，郭君在內地的英文成績尚算中等，來到香港後，卻讓她感到十分吃力。郭君的學校以英文成績分班，她被安排入不求高分只求及格的補底班，「我被分到英文最差的一班，但沒有什麼不良情緒，我覺得這樣分班真的對學習有好處，老師從基礎開始幫我們補課。」她希望自己能在這一班重新打好基礎。

相對來説，郭君的數學成績就好得多了，學習起來的趣味感也高，「我最喜歡的科目是數學，因為有興趣，溫習時就比較容易靜下心，有時可以溫幾個鐘。」郭君的中文和通識成績尚算可以，她認為兩科的共通點多，全靠理解便能輕鬆駕馭，「感覺中文和通識有很多相似地方，平時看通識新聞就好像看中文閱讀一樣，理解題目就會答題了，所以我覺得這兩科不算很難。」

除了四門主修課，郭君的選修課科只剩一門化學。郭君的化學科成績中等，但高中化學的程度，對她而言頗艱深，所以對這科的學習興趣也不大。

郭君是一位懂得凡事感恩的女孩。她很感激父母對她的支持，雖然他們學歷不高，功課上幫不了忙，但是時常督促她學習。同時，郭君也很感激老師經常抽空為同學補課，「那天老師註冊結婚，他女朋友一直打電話給他，他卻堅持要教我們做完練習題才回電話。」老師對待他們的學習比任何人都要認真，這些舉動讓郭君很感動，「感到老師不惜一切幫我們，如果考不好文憑試，就對不起他了。」除了師長外，郭君還會和同學一起互助學習，同學教她英文，她則以教數學作為回報，互補不足，和諧地一起學習。

期待甜味人生

她預期自己能在高中文憑試考取及格，也希望自己能多加努力，考取高於及格線的成績。郭君對傳統學科的學習興趣不大，退修其他選修科的最大原因，是為了有時間報讀校外的職業導向教育課程。郭君通過學校報讀甜品專業應用學習課程，每星期會到職業訓練局上課。

受到從事飲食業的母親的影響，郭君對做甜品有很大的興趣，「我媽媽喜歡煮食，做飲食業已經二十多年了。可能我像媽媽，在家裏也挺喜歡做一點小吃或者零食，做完還會給媽媽試吃一下。」除了會到職業訓練局上課外，平日也會與母親一同在家裏動手做甜品，有時候母女倆還會研發「新品」，「我覺得動手做甜品的時候，可以發揮創意，做出屬於自己獨一無二的甜品。這個過程很有趣。如果媽媽覺得好吃的話，我就更加有成就感。」其實郭君將來其中一個夢想，就是希望成為甜品師，「如果自己努力的話，説不定還能成為高級甜品師。」

以滿足的心盼望未來

社會上很多人覺得自己失敗，是因為他們太喜歡比較，導致欲望只有增而無減，不知道滿足。郭君認為訂立夢想應該符合實際，「如果好高騖遠，而能力不夠，就會很沮喪。我覺得要理性地評估自己的能力，切合實際來訂目標。」話説回來，人各有志，所以每個人看成功的標準也不一樣，「我的看法比較簡單，能夠達到對自己的要求，能夠做自己喜歡的事情，生活得開開心心，就可以算是成功了。要達到成功，說難也難，說簡單也簡單，看你的標準吧。可能我對自身的要求不高，比較容易滿足。」

郭君喜好體育，所以她的另一個夢想是成為體育老師。她享受運動時帶來的快感，及與隊員合作贏得分數的成就感，「我是學校籃球隊隊員，也很喜歡和同學玩，如果以後做體育老師，每天又能和同學一起玩，應該會很開心的！」縱然兩個夢想要走的路截然不同，在郭君身上找到兩者最大的共通點便是興趣，「我認為做自己喜歡的事情才能做得長久、開心。」

不過，郭君明白到一位專業體育老師，單靠體育成績好是不夠的，也要在其他科目爭取好成績。她希望自己能考上大學，但對於是否能夠在香港升讀大學，卻沒有把握，眼見高中文憑試已經近在眼前，她日以繼夜的溫習。郭君也早已為自己準備了後備計劃，「如果在香港升不了大學，我應該會選擇到台灣升學。」

郭君希望自己能夠堅持、毋忘初心做自己想做的事，「就像減肥，你今天說不吃，明天又說吃一點沒關係，那樣是不行的。打籃球也一樣，不是練習一次兩次就可以，也要有毅力堅持練下去。不管做什麼事情，努力堅持，有一天都會實

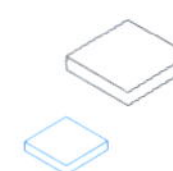

現理想吧？」堅持是實現理想的基石，郭君距離實現理想不遠矣。

郭君明白人生要有具體的目標和量力而為。郭君的父母對她在香港升學寄予厚望，為了不辜負父母的期望和付出，她堅持朝着升大學的目標努力。

網絡關注不就可以？

來港三年的郭君，嘗試了解香港社會多一些，「學校每天都有一段時間播放新聞。第三節課的前十分鐘，會播放當天比較重要的新聞，讓我們了解時事。通識科老師也會跟我們討論新聞。」

網絡上的新聞及社會議題也是她所關注的，有時更會在個人社交網站上轉載一些和社會議題有關的新聞。但當她上載至內地的 QQ 或者微信，有時不小心涉及敏感話題，賬號就會被封鎖，「可能是政府怕引起香港和內地之間的矛盾吧，網檢很嚴。所以，內地一般是不知道香港發生了什麼事的，兩地之間的信息交流便不太全面。」郭君主觀地認為示威、遊行這種事情損己不利人，不會親身參與，「爭取公義是不是可以通過其他辦法？街上示威、遊行可能會阻礙交通，給別人添麻煩。我會在網絡上關注一下社會議題，但不會親身參加。」

問及公民身分，如果給予中國人、中國香港人、香港中國人、香港人四個選項，郭君偏向選「中國香港人」，「在內地，戶口在北京的話，就是『中國北京人』；戶口在深圳的話，就是『中國深圳人』；戶口在廣州的話，就是『中國廣州人』。現在，我移民來香港，我會說自己是『中國香港人』，這對中國和香港沒有區分的意思。」

郭君坦言自己來港三年，對香港或多或少產生了一些感情，也有歸屬感。但與其他新移民一樣，提到香港人時，郭君還是禁不住投訴香港人對內地人偏見很深：「有時問香港人問題，人家可能覺得我廣東話發音不標準，便不太想回答，我會感覺自己被歧視。不過我也理解，確實有部分內地人來到香港之後做出一些不文明的行為，又或者跟本地人搶資源、搶福利，給人印象很不好。」雖然這些偏見不完全是沒有事實根據，但她直言這些「偏見」也應該歸咎於香港人的本土意識和優越感，無形中建立一道牆阻隔彼此的溝通。

內地與香港兩地社會的文化差異和價值觀，仍有很大的分別。郭君對新學校和教育要求採取積極和平衡的立場；是成熟的態度。同時，她對個人的公民身分也有很深入的剖

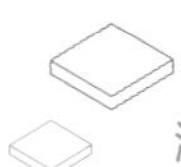

析，深願像郭君這樣的新移民能夠更好地融入香港，也願兩地居民能加強彼此間的交流、認識，從而減少矛盾。

新來港青年——新舊人生靈旅

六位新來港的青少年在香港開展了他們的人生靈旅。縱使故事看似是耳熟能詳，例如：適應新文化、新課程、追趕英文，自卑、家境一般又或清貧，父母早出晚歸、需要自力更生……等等，但是每一位同學的心聲背後，總是緊扣着他們的家庭條件和社會資本。換個角度，拔根來港再植根的心路歷程，亦是他們學習在新環境安放心靈的旅程。由轉變不安到重新找回身分，重建人際網絡，認識新社會的時事文化，以及重拾一份歸屬感，凡此種種，都要付出很大的代價。

習慣有個人空間的內地同學，人生路不熟，文化溝通以至説話的口音都反映出一種新人類的背景，因為支援少，必須堅強面對挑戰，對自己的要求便更高。然而，香港這個大都會充滿了花花世界的引誘，倩婷面對朋友違規行為的引誘、阿耿在學業上的失落，以及重新適應與父母同住的轉變，加上其他同學均要面對的新課堂模式、語言、課程和師生關係等，談何容易？最理想必然是找到一個更好的土壤去發芽成長。

阿彥、李豪、郭君都是好例子，他們在新社會新教育場所中尋獲了求學的目標和人生方向，他們的付出和努力得到師長和家人的支持，無論願望是當社工、醫生或甜品師 / 體育老師，他們同是擁抱着一股迎難而上，勇於助人助己的精神。

上述三位都沒有宗教信仰，他們主要靠着那份中國人傳統自強不息的精神，面對生活和學業上的困難。但對於不喜歡規範式學習的阿耿，初期的轉變是大的，特別是找不到可信任和傾訴的對象之時。

六位受訪者中，小羅是唯一有宗教信仰的，同時也是唯一藉基督教信仰生活改變了和媽媽的關係，更新了他對自己的看法和人生態度。他的改變明顯，那份積極和開朗的性格，對比以前沉默、只管玩網絡遊戲的小羅，像是天上人間的轉變。一則說出了宗教信仰對人的正面鼓勵，信仰群體的支持是青少年發展正向心理的力量，此外又說明了擁有人生意義的重要性。

三、南亞裔學生

困難重重的成長歲月

艾莎：

信仰是人生的支撐

最習慣用廣東話

艾莎的家裏有五口子，父親、母親、艾莎和兩個弟弟，住在香港的公屋。

她的父親年輕時就從巴基斯坦移民來香港，從事地盤工作，日常遇到不少說廣東話的機會，雖然廣東話帶點口音，但不失流利；母親比父親稍晚幾年到香港，因為是家庭主婦，不太接觸外人，中文和英文都不會。在家中大家都會為了母親而說家鄉話——烏都語。

艾莎和兩個弟弟都在香港出生，從小就接觸很多香港人，也會看本地的粵語電視，中文聽說能力都不錯，平時姐弟之間也多以廣東話溝通。這天與艾莎聊天，她全程以一口流利的廣東話對答。

唸中文課不開心

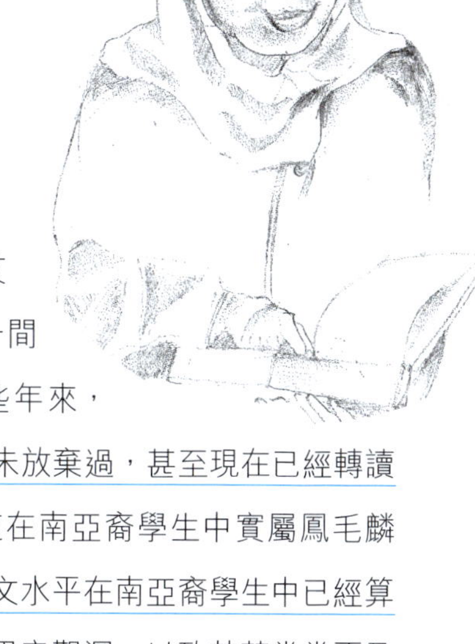

艾莎一直在本地唸書升學。直到小一下學期，由於公公去世，艾莎就跟母親回巴基斯坦住了半年。回港後，艾莎重讀小一，小二時轉到另一間小學。現今艾莎讀中二。這些年來，艾莎一路都努力學習中文，從未放棄過，甚至現在已經轉讀香港本地中文教材一年了。這在南亞裔學生中實屬鳳毛麟角，難能可貴。雖然艾莎的中文水平在南亞裔學生中已經算數一數二，但是本地中文教材畢竟艱深，以致艾莎常常不及格，「中文很難。我口語溝通無問題，但閱讀一般，寫作較弱。很多字我會讀，但因為少寫，常常忘記怎麼寫，而且筆順太難記。」

過深的程度令到艾莎上中文課時並不開心，她希望能有中等程度的中文教材，不會像校內現有的簡易程度般太簡單，也不會像傳統教材般太深奧。艾莎表示因為讀寫能力較低，做功課會「無心機」，學習中文是逼不得已，「我只喜歡講中文，我不喜歡讀和寫，但沒辦法，身在香港，一定要學。」

課堂學習上的不足，只能靠課後的補習追上功課，但艾莎的家庭經濟條件，並不允許他們支付額外的學費，幸好艾莎的學校有提供課後補習。這些補習班雖然對整體學習有幫助，但對艾莎的中文學習幫助仍然不夠，「(學校應該）幫我補習中文，因為我在校外不會找補習。在校內上課學中文的時間不足夠，應該額外學多些。」

對於許多在香港土生土長的南亞裔學生來說，只要他們心中不抗拒大環境的耳濡目染，「聽」和「說」往往不是大問題，但「讀」和「寫」仍是艱巨的挑戰。對於第二語言學習者，甚至第三、四語言學習者，且不說閱讀理解、作文，單單認字、寫字就需要耗費大量時間和精力記憶、練習。即使是艾莎，她的中文在南亞裔學生中已經相當出色，但當她轉讀本地中文教材時，也感到吃力、缺少滿足感。艾莎那句「身在香港，一定要學」，一面是道出她學習中文的堅定決心，但另一面也多少說明她別無選擇的無奈。

我愛上學

艾莎性格開朗，喜歡交友和幫助別人。在學校裏，她還是風紀，逢星期二當值。老師都很欣賞艾莎，讚她讀書成績好，又乖巧，常常交齊功課等等。也許因為艾莎愛說廣東話的緣故，她也比較容易融入主流香港學生的生活圈，甚至最好的朋友亦是香港人。

艾莎認為現在的校園生活很和諧，「有些學校的老師給很多功課，整日鬧學生，好衰。但這間學校只有一兩位老師會罵人，其他教我的老師都好好。你不頑皮，他們不會罵你。我和老師關係也好好，在樓梯見到他們，我都會打招呼。」整體上，艾莎認為在學校生活滿足而快樂，且對學校有很強歸屬感，「星期六、日我都好想返學。雖然這不是一間名校，我也讀得好開心。」

有時被歧視

雖然在校的學習及生活經歷大多都是積極正面的，然而作為南亞裔人士，與本地人相處時，艾莎偶爾也會遇到困擾，感覺有些香港人不那麼友善，甚至在某些情況特別針對她。

她憶述起校內有過這樣的情況，令她感到又無奈又氣憤，「我班有位女生哭，我給她一張紙巾，她朋友走過來說：『你不要用艾莎的紙巾。』接着遞上自己的紙巾，將我的紙巾還給我，我感到很無奈。當時很想罵她朋友，不過還是算了。」

除了在校內，艾莎在社會上有時也覺得自己遭受差別待遇，「住在公屋，如果中國人的小孩吵，鄰居不會投訴；但如果我們吵，鄰居會立即投訴。這些事常常發生。不過現在情況有改善，平機會（平等機會委員會）會幫我們。」

我當然是香港人

艾莎的父親來港二十多年，一家人在香港落地生根。艾莎在香港土生土長，在這裏，除了自己一家人外，只有一個巴基斯坦的遠親，平日與香港的朋友接觸得更多，相較之下，她與巴基斯坦的親戚已沒有甚麼聯繫。上一次回鄉更是小學時的事，艾莎對家鄉許多事不清不楚，感覺巴基斯坦遙遠而陌生，連自己的家鄉話也是只懂聽説，不會讀寫。

反倒是眼下的香港更親切，她對香港也更有歸屬感，直認自己就是香港公民，「我在香港出生，主要生活在香港，把香港當作自己的家。如果你不叫我回巴基斯坦，我不會想回去，因為巴基斯坦夏天很熱，冬天很冷。」

不過作為香港居民，艾莎認為自己不夠了解香港社會，尤其是時事新聞。她不是沒有興趣去了解社會狀況，而是有心無力。這又回到了中文閱讀的問題上，「新聞的表達方

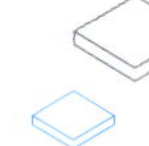

式和內容實在太深了。這與電視劇不同，電視劇都是生活常用字詞，但新聞不是，而且字幕跳動快。（中文）報紙也很難明白，文章比較長，又有很多生詞。」艾莎知道自己的弱項，但感到無能為力，希望學校能幫助像她一樣的南亞裔學生了解香港。

虔誠的孩子

艾莎一家是穆斯林（即回教徒）。艾莎自認不如母親那樣虔誠，但也認定信仰對自己很重要。她們一家每日定時祈禱五次，雖然艾莎表示不是太願意，但基於回教的要求，她還是會聽從母親，「我會做足祈禱，朝早五點半起身祈禱，然後再睡覺。媽媽叫我，我就會起牀，全家人都起牀，各自祈禱。」

艾莎每月只有一百五十元的零用錢，所以她常帶飯回校，間中才會外出吃飯。艾莎遵守回教的規矩，不吃豬肉；每逢齋戒月，日出時不飲不食，寧可餓着肚子去上課，遇上體育堂就申請休息，怕體力不支。艾莎告訴我一個有趣的經驗，就是守齋戒月時，在街上看到食物時會不自覺地流口水。

當艾莎被問到是否相信「冥冥中有主宰」的說法時，她的臉上表現出疑惑，「不知道，可能是。」

雖然艾莎有時對事情會有自己的想法，但因為要守回教規條和母親的教導，無論清楚與否，她仍是願意跟着做，「我媽媽說：『一出生，我的命就已經定了。』我都是相信的，但程度不如媽媽那麼堅定。媽媽還說：『我做的事情都是按神的旨意。』但我有時不太同意，感覺只是自己想這樣做而已。」

在香港土生土長的艾莎，喜歡說廣東話、喜歡學校、喜歡香港，滿足而快樂。雖然中文能力成了艾莎在學習上及融入社會上的一個障礙，但因着她對中文的興趣，以及天生認真乖巧的性格，努力讀書並持定民族的信仰，相信必定能幫助她衝破未來的適應障礙。

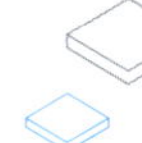

亞該亞：看不清的前路

與讀書無緣

亞該亞是第二代巴基斯坦籍的中六女生，在香港土生土長。十七歲的她，由幼稚園至中學也是在主流學校讀書。父母親在巴基斯坦結婚後來到香港定居，靠着父親一人的收入，養育了一家六口。亞該亞排行第二，哥哥、妹妹和弟弟都是學生。爸爸只有中學教育程度，任職公司文員，媽媽只有小學程度，是家庭主婦。

即使在香港出生、香港長大，亞該亞對香港的歸屬感還是不大，一再強調自己是「香港巴基斯坦人」，「我在香港出生，但我是巴籍的。」在主流學校讀書的亞該亞，朋友圈子大多是巴籍同鄉，一來亞該亞很少參與學校活動，少接觸本地朋友；二來她對求學興趣不大，甚至直言自己不喜歡學校生活，「知道讀書很重要，但我讀書的動機不大。甚少參加課外活動。」

擔起頭家

一家六口的生活費和四位兄弟姐妹的學費雜費，單單靠做文員的父親微薄的薪水支撐，實在是不足。亞該亞是大女，自然有「擔起頭家」的想法，每天放學後都會在一家西餐廳任兼職，由晚上六時工作至十一時半才回家，課餘時間都在兼職中渡過，難怪甚少參與課外活動。

每晚拖着疲倦的身軀回家，哪裏還有氣力去想功課？亞該亞坦言自己對課堂學習不感興趣，「就算不用做兼職，我也是不喜歡讀書。平日堂上做功課，回家後不會再做，而且我也沒有動機去學習，只有在考試前有點動力去溫習。」

白天上學，晚上上班，亞該亞每天在學校都要抓緊時間完成功課，「沒有其他辦法，每晚也要上班，只得在堂上爭取時間做功課。」這樣看來，亞該亞視白天的上學時間是一項工作，功課、考試便是其附帶的任務。以這種重量不重質的「趕工」方式去學習，不但難以引起學習興趣，也使她沒有課餘時間與其他本地同學交流，所以朋輩圈子也只能局限於自己民族的人。

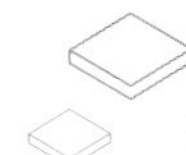

不過，亞該亞在校內並非「獨行俠」，也有好朋友，她很受同學影響，大家都是不喜歡讀書，感覺很接近。

亞該亞就讀的學校，整體學習氛圍不太積極，她形容全班同學上課也不專心，老師在講台上教書，學生在座位上談天説地，課堂氣氛極不理想。老師對學生的厭學態度視若無睹，身邊也沒有良好的朋輩影響，建立學習興趣；再加上亞該亞忙於兼職，學習條件沒有一項對她有利，她對這樣的求學環境是不滿足的，認定自己與讀書真的無緣。

原來亞該亞都希望可以認識一些用功學習的同學，督促自己，「我真的希望自己上課可以認真一些。擇友是很重要，如果可以交到有上進心的朋友對自己幫助很大，特別是一些認真求學和積極向上的朋友。」她也看不過眼自己懶散的學習態度，「我看見本地學生放學後仍然努力溫習，我便問自己為什麼沒有動力？這樣下去對將來有沒有好處？」也許她的剖白和掙扎，反映了不少青少年的心聲。

如果能獲得更多正面的鼓勵和榜樣，亞該亞認為自己會更懂得珍惜求學的機會，「我需要朋友告訴我，我做得好，這樣可以給予我動力去工作。有時聽到別人對我的批評，使我很氣餒。他們認為這能提高我的動機，相反這只會把我拉下去。」

前路不明

雖然現在人們都愛以「讀書好，不是什麼都好」來鼓勵他人，但這種説話更適用於已在職場裏打滾的人。對學生來説，求學時期不讀書可以有什麼出路？對亞該亞來説，眼前就是這樣的一個情況。

現在的她雖然身處求學階段，但對學習沒有什麼的想法，對於下一步去向毫無頭緒。今年已經中六的她，看着自己的成績表，自知入大學的機會渺茫，「我沒有信心可以入讀大學，所以會先報副學士。我選了浸會大學的副學士，希望日後可以繼續升讀大學。」當被問及將來的理想工作，亞該亞的回答也很表面，「我所選的是與市場有關科目，但如果能夠讀心理學也是很好的，這兩科都是我較喜歡和日後選科的目標。我有時希望成為一位心理學家，有時又想做一些市場的工作。」心理學和市場學的學科要求及專業發展大相逕庭，可見她對將來的計劃還是很模糊。

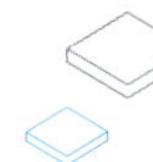

談到將來夢想，亞該亞很少去思考，上學兼職兩忙碌，父母又不清楚香港情況，「我父母不清楚有何出路，所以都是任我選擇。」沒有足夠的建議，也沒有實際的想法，亞該亞直觀地認為工作便是賺錢。

由於家中經濟環境一直欠佳，亞該亞要選擇一個與別不同的生活方式，同齡的青少年穿梭於商場中，購物揮霍，她卻對消費有自己的執著。「成功」對她來說也是非常直接的，「賺錢，錢是最重要的，有錢便是成功。」

只有信仰是根

亞該亞來自一個穆斯林的家庭，「我重視宗教，我每天祈禱五次。」她忠於宗教信仰，堅持每天五次祈禱，認為靈性健康很重要。

她與主流社會的文化明顯分割，「我不清楚（香港的新聞時事），也沒興趣。平日很少看報紙，也不看電視新聞，只是靠聽朋友的討論。」其實這些「只限於傾訴式的討論」，單靠發表個人見解，沒有充分的事實作鋪墊，亞該亞對社會的了解也流於表面，認為公民責任就是要順從，「我不清楚選舉，我想一個良好公民要多了解規則和守法，且要尊重自己和其他人的國家，因為世界是多元的。」

南亞裔是一個群族文化，注重家庭觀念和家人福祉，亞該亞是個典型例子。雖然她以上學讀書為己任，可惜此任不同彼任，賺錢幫補家計也是另一種「責任」，是她孝順父母和分擔家庭經濟壓力的行動；上學則是因為處於求學年齡的「任務」，並非希望能考取好成績升讀大學的理想。可見，她在分配學業和晚間工作的時間比例並不像一般中學生，兩者的拉扯對她的學習態度和學業成績有很大的影響。

將要高中畢業的她，同樣希望透過他人積極的例子，變得認真向前。很希望亞該亞能有一天走到社會人群中去，了解這個住了十多年的城市，也能把對將來的計劃想清楚，並好好地想一下自己的出路。畢竟上班賺錢、維持生計，對亞該亞來說，不只是現在的事，而是長久以至餘下大半生的事。

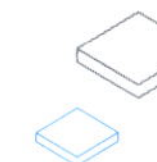

英雄：
父母送給我的空間

相比菲律賓，我更愛香港

英雄的父母均來自菲律賓，在香港結婚，同是擁有大學學位的專業人士，媽媽是一位行政人員，爸爸是營養師。他和哥哥出生於香港，一家四口生活很愉快。哥哥比他年長得多，已經投身社會，現於一所酒吧工作。相對他的中五同學，英雄年紀比較小，只得十五歲。

雖然英雄在香港土生土長，卻不諳中文，身邊相熟的朋友多是菲律賓同鄉，根本用不着中文。然而對於父母的家鄉菲律賓，英雄並沒有什麼好感覺。「我只去過菲律賓兩至三次……菲律賓給我一個壞印象。」沒有説出原因，他指出菲律賓正在慢慢地變好，但相比起香港，還是對香港有多一分歸屬感。「我仍然選擇留在香港。這是一個很安全的地方。」英雄覺得香港人對他們這些移民後代很友善。他沒有經歷過，也從來沒有想過菲律賓人會在香港受到不利的社會待遇，「對我來說，沒有被歧視這個問題。」

當問及他的公民身分時，英雄認為自己是介乎於香港和菲律賓公民之間的。一方面，父母的意見和立場對他的公民身分有很大的影響；另一方面，個人的生活經驗幫助他思考自己的立場。

英雄感到自己對香港的認識只有大約三成，「我平日很少看報紙新聞，對香港認識不多。」他對社會上發生的事一概不知，即使略有所聞，也不清楚詳情。英雄依稀記得數年前的旺角佔領行動，他剛巧經過現場，察覺有危險，沒有停留便離去。雖然親眼目睹了當時的示威情景，但事後沒有去關注，所以事情的來龍去脈一點兒也說不出來。

英雄認為良好公民就要奉公守法，因為對社會不了解，他不會輕易發表自己的政治意見，而年輕人最常流連的網上論壇，他也甚少參與，「網上不安全，個人資料容易洩露，而且論壇上許多人很偏激，可能會攻擊你。」英雄的社會參與度，大概就只限於平日的通識科、老師要求的課堂討論，以及為了做功課而讀的新聞，沒有什麼深度。

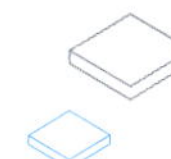

與其讀書，不如下廚

對英雄而言，課堂上學習時事比自己去了解更有趣。他只對通識科有些興趣，但基於本身對時事了解太少，課堂以外時間也甚少努力學習，通識科成績也未能及格，「我從不努力去應付，相信是 Unclassified（U）……雖然有些興趣，但自己比較懶，很少用功學習。」

英雄只有英文一科及格，其他全不及格。「我知道要花時間溫習，卻偏偏選擇去玩，打球也不溫書……平均每天花一小時做功課，晚上根本不會溫習，做完功課便睡覺。」

英雄的小學有很多同族和其他非華裔的同學，大家習慣以英文溝通。中文不是他的強項，主流中學的中文不適合他，便跟哥哥一樣，選擇入讀英文直資中學。英雄自稱「懶惰」，成績不好卻另有別情 —— 缺乏讀書興趣，平日很少溫習，卻發展其他興趣。

英雄對廚藝很有興趣，「我一直不太喜歡學術，但喜歡學廚，西式餐飲。」他夢想成為一位專業的西餐廚師。為了實現這個夢想，英雄逢星期五下午在香港仔上西廚課程，平日也觀看烹飪節目來參考。他更打算在餐飲行業找一份兼職，賺取相關的工作經驗。家境尚可的他並沒有經濟顧慮，做兼職能賺到的「外快」不多，但對他來說算是一個額外獎賞。可見，認真起來的英雄，其實一點都不「懶」。

英雄認為兼職可以豐富他的工作經驗，為以後職場生涯帶來一些正面的幫助，可見他對職業的興趣是遠遠高於學科學習。提前的職場培訓增加了他對生活的動力，這比無心向學和荒廢光陰更有價值。

自由的家，放手的爸媽

英雄父母均為專業人士，對兩名兒子的成長發展抱着一定的期望，但對小兒子在學術方面不感興趣卻沒有多言，只希望他能在現階段好好學習。英雄提到一些親戚長輩問起他的成績時，有時會感到尷尬，只能支支吾吾地說「not so good」，這會引來長輩的語重心長的勸說，「當我舅父問我的成績時，我會說不太好。然後他會催迫我勤力一些。」

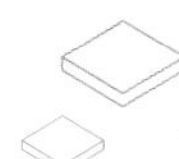

放學不溫習去打球、讀書不求高分只望及格，這些事情在很多「愛子心切」的父母心中是不允許的，英雄的父母卻都允許了。愛並不是控制，更不是放縱。英雄的父母不要求他考取高分，只要求他為及格而努力，起碼能順利畢業；他們也給予空間讓英雄嘗試新事物，尋找自己的興趣。

除了學習廚藝，英雄也是一個愛運動的少年，不時相約朋友到球場切磋球技，當中不乏一些已經輟學的朋友。英雄的父母不限制他認識怎樣的朋友，而是讓他與人相知相識，自己學會辨明好壞。他們給他自由，也給他指導，但不干涉。雖然英雄的父母看見兒子的成績一般，卻願意接納學業成績以外的理想，「盡了力便算了，順其自然吧」！沒有給予他過分的壓力，採取明白、支持和關愛的態度。

英雄認為信仰生活對自己十分重要，「我是真的相信，也喜歡去教會，不是家人影響。」父母都是基督徒，他卻選擇成為了一位天主教徒，定期出席教會聚會。

價值觀往往反映人的信仰立場。英雄的家庭關係完整和注重靈性生活。雖然英雄面對學校成績不理想的現實，但我們樂見他對前途有夢想。神愛世人，但不操控我們，也不放縱我們，卻會指引我們當走的路。

索菲亞：

為別人幸福而活

姐兼父職

在同學眼中，年紀只得十六歲的巴裔索菲亞是一個「大姐姐」，每年都會擔任風紀或班長，能獨立處事，且富有責任心；在校外，索菲亞喜歡服務社區，享受這些付出，「做風紀需要幫忙老師維持學校紀律，確保同學在課室安靜上課，督促同學交齊功課等等。社區服務方面，當我還是個孩子的時候，就開始做志願者，譬如賣旗、探訪老人院等等，參加這些活動讓我感到愉快。」在家中，索菲亞同樣是一個懂事能幹的「大姐姐」，平日照料家務、教導弟弟，甚至還計劃日後工作幾年，暫時擔負養家的責任。

*（受訪內容為英文，本文直接從英文翻譯。）

索菲亞的雙親都在巴基斯坦出生，父親在年幼的時候來香港定居。索菲亞的父母結婚後，母親也來了香港居住，之後索菲亞和弟弟相繼出生。一家四口居住在公屋內，父親養家，母親持家，還有兩個可愛的小孩子，一家人幸福和諧，日子過得還不錯。但好景不常，在弟弟出生後不久，索菲亞的爸爸不幸離世，那年她只有四歲，「爸爸的去世對全家打擊很大，但媽媽很堅強，我要像她一樣堅強。我現在也愈來愈獨立了。」

索菲亞有着很強的責任感。雖然作為巴基斯坦女生的她不應該抱有賺錢養家的想法，但上有面對着喪偶打擊的媽媽，下有年紀尚小、心性未定的弟弟，索菲亞認為自己有責任為這個家出一分力，「我媽媽沒打工，教育水平不高。我很希望將來能夠外出工作、賺錢養家……」

小小年紀的索菲亞，説到家裏的事時，語氣卻不免沉重起來，「家裏的事情太多了，沒完沒了，而且許多事情需要同時處理，有時我愈着急想做好，愈容易失控。尤其是弟弟，太讓人擔心了。」

談及比自己小四年的弟弟，索菲亞的語氣更像一個操心的媽媽，「巴基斯坦女性是不能一直工作的，我最多只能工作幾年。待我出嫁後，弟弟會成為家裏的經濟支柱。如果他現在不努力讀書，將來很難找到好工作。我有責任管教弟弟，也要照顧他。我罵他，但是他不聽，還反駁頂撞。我有時覺得自己對他很嚴厲，但他真的讓我很生氣，不認真讀書，經常考試不及格。」

老師，第二個媽媽

在學校，索菲亞因着她熱心和友善的性格，不論和老師還是同學，都能打成一片。當中索菲亞和她的中文科老師關係最好，「她是我在這間學校最喜歡的老師。她是我的中文科老師，從中一開始就教我，就像我的第二個媽媽。」

「她很容易相處，這五年她和我們一起成長，也給了我很大的支持和鼓勵。」索菲亞非常信任這位老師，想到自己即將畢業，與老師見面的時間少了很多，不禁悲從中來，「我畢業的時候，一定會很捨不得她，我會哭！」索菲亞尤其喜歡跟老師談天説地，聊天內容不單單是關於學習，還有其他在學校裏發生的事，無所不談，「有時，我還會故意取笑她，譬如，她二十六歲了，我就開玩笑説『你已經很老啦，應該馬上要結婚了！』和她在一起很輕鬆、很有趣，我們就像朋友一樣説説笑笑。」

當個反傳統女孩

女性二十六歲未婚竟然被嫌「老」？相信不少香港女性都可能覺得這個「玩笑」有些「過分」，這位老師也難以「身同感受」；對一些強調新女性思想的人來説，可能還會有點冒犯。不過，索菲亞説出這話時，顯然不會有這些想法，因為這個觀念是來自巴基斯坦的傳統文化背景，「巴基斯坦女孩通常十六、十七歲就已訂婚了。而在訂婚之前，她們的媽媽都不會告訴她們有關訂婚的事。等到中學畢業，她們就會結婚。」

因此，大部分巴基斯坦女性都沒必要追求高學歷，也沒有時間外出工作，因為婚後就是家庭主婦。一般十六、七歲就有婚約的巴基斯坦女孩，看着二十有六還未結婚的「大齡剩女」，會説出這樣的話也不出奇。

雖然話是這麼説，索菲亞卻不像會遵從，她大膽地做了一個「反傳統」的決定，「我不想畢業即結婚。」根據巴基斯坦的傳統做法，索菲亞不會知道她的母親有沒有替她跟別人訂下婚約，所以她事先要求母親作出一個保證，「同意讓我畢業後要先工作幾年，賺錢養家。」

當問及將來工作，想從事什麼職業時，索菲亞顯得有點猶豫不決，因為家中及周圍沒有事業女性作參考例子。「我不確定自己以後可以做什麼。我對旅遊業感興趣，不知道有沒有可能在機場工作。」

索菲亞直言有時會看不慣巴基斯坦對女性的某些封閉思想，由婚嫁事宜，到平常衣着等，「我和媽媽一起出門，我穿了牛仔褲。一些巴基斯坦阿姨見到，就會跟媽媽説：『你怎麼沒有教導你的女兒……』她們認為女性的衣着應該莊重保守，不能露出曲線，所以我應該穿巴基斯坦女性的衣服。」凡此種種傳統禮節，對從小在香港長大的索菲亞來説，有點難適應，提及這些傳統，她也不禁直呼「封閉」。

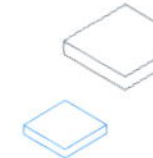

巴基斯坦人 VS 香港的巴基斯坦人

索菲亞很喜歡香港。現在的生活環境，哪怕不是在這個城市中最好的，卻正正是她渴望的，「我喜歡住在香港。我們雖住公屋，但位於山上，有很多樹，空氣清新。附近有一個圖書館，很適合我這個書蟲，我每星期都會去借書。社區還有籃球場、足球場。」要是住在巴基斯坦，只是過着任人決定將來的日子，她為自己能住在香港感恩，「如果我在巴基斯坦，現在可能正在種樹、做女傭之類。但在香港，我們獲得許多支援，而且居住環境很好。我對自己現在擁有的一切心存感恩。」

住在香港能說出「空氣清新」的說話，索菲亞看起來更像一個只有十六歲的樂觀女生了。當問及索菲亞的身分認同時，她自然認定自己是香港的一份子，是香港的巴基斯坦人（Hong Kong Pakistani），而不是純粹的巴基斯坦人（Pakistan Pakistani）。

信仰的扶持

只是，責任感再大也不代表實際的能力也大，對現在的索菲亞而言，很多事情也只能乾着急。每當索菲亞為家裏的事感到不堪負荷，她或會找母親傾訴，或者向神禱告。索菲亞的母親是穆斯林教徒，她告訴女兒要相信神、敬拜神。索菲亞也經母親的朋友介紹，每週六去聽穆斯林的課程。接受家人、朋友、同學的看法，索菲亞更加相信自己經歷的一切是出於真主，自己能一路走來，都是靠着祂的扶持。

這個年齡的孩子，有的會被家裏早早訓練成可以獨立；有的被家人呵護到希望一輩子都是十六歲。索菲亞沒有被家長寵壞，她總是不住地把責任扛在自己肩上，希望自己能照顧所有人。她看待事情既認真，也帶點小孩子的純真，希望這樣的她，就算未能真正做到賺錢養家，也能將這種正面樂觀的態度好好地帶給身邊的人。

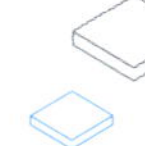

昆瑙：

信有出頭天

男尊女卑的南亞社會

昆瑙是位印度男孩。昆瑙和父親都在香港出生，先後入讀同一間本地小學。昆瑙選擇留在香港繼續升學，今年十六歲，讀中五。在印度人的傳統思想裏，女人只需要留在家裏做家務。故此賺錢養家的重任就自然落在男人身上。

昆瑙的父親在香港讀小學後，回印度讀中學，畢業後又回港從商。他現今六十多歲了，是家裏唯一的經濟支柱。可惜，在公司倒閉後，父親便去了中國內地經商。長年要在內地為生意奔波，昆瑙一家很少能相聚一堂，昆瑙也自然與媽媽更親近，「我們一年最多見爸爸四次，通常只是兩次或三次，每次他也只會回來住三天兩夜，便要離開。」

此外，據昆瑙描述，與他們一家關係欠佳的還有他的嫲嫲，「爸爸媽媽結婚之後，媽媽和嫲嫲之間常常有矛盾，嫲嫲總是讓媽媽難堪。」隨着昆瑙慢慢長大，思想變成熟，大約十四、五歲的時候，他愈來愈明白這些事，「我和媽媽很親近，但我不喜歡嫲嫲。」昆瑙表示這就是印度家庭婆媳關係惡劣的現實，即使一家人移民香港也不能豁免。

傳統與現代的碰撞

在印度，女人無論在家庭還是社會，地位都較低；而男性則較優越。昆瑙一家雖然定居香港多年，許多觀念已經有所改變，但部分傳統思想依然保留。他母親從小在印度長大，中二就停學了，根本沒有機會繼續學業。她如今五十多歲，因宗族緣故連基本教育也未能完成，別説額外的語言課程，所以完全不諳中文，昆瑙就是她的小助手：「她平時需要給家庭買各種雜貨，就會問我一些中文詞怎樣講。」

昆瑙認為現今女性確實需要教育，而且也應該賦予她們選擇升學的權利，「如果我有一個女兒，一定會確保她讀完大學，不會讓那套舊思想限制她。不過，如果我有一個兒子，那他應該取得更高學歷，因為我希望自己可以讀博士，所以我兒子也應該要讀博士。」

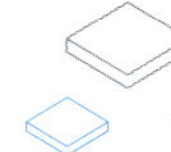

然而昆瑙仍然抱着男主外女主內的傳統觀念，「男性應該工作、賺錢、養家，這是男性應有的責任。雖然現在愈來愈多女性開始工作，但男性應該是家庭中的經濟主力……」他也相信女性更能勝任照料家務的工作，亦贊同男性在職場上比女性更有利，更易找到高薪福利好的職位，「長遠來看會對家庭更有益處。」

錢是生存之道

昆瑙對將來有兩個夢想，一是成為建築師，一是成為企業家。對於第一個夢想，昆瑙打算出國深造，「我知道香港有建築學碩士課程，但我更希望去澳洲或者德國讀書，不過我需要考慮經濟問題。」

第二個夢想卻也不比第一個來得簡單，「如果不能修讀建築，我也會考慮讀商科，因為我和朋友打算成立企業，但還是要考慮錢的問題，需要資金。」兩個夢想都要向錢看，一個比一個難實現。

家中的經濟問題成為昆瑙實現夢想的障礙，而也正正因為有經濟問題，昆瑙明白沒有錢就無法生存，所以才有了這些對職業的夢想，希望能早日賺到第一桶金，「因為家裏經濟困難，我覺得有錢就會快樂。如果能夠成功地賺很多錢，就可以幫爸爸還債，還可以開拓我的職業道路。」

除了某些對兩性地位的固有思想外，昆瑙認為自己的經商頭腦也得到印度人的真傳，「我不會説我對商科和經濟學感興趣，但這是我可以做到的。印度人擅長做生意，可以説，我的血統裏就有這樣的資質，爸爸、哥哥和舅舅全是商人。」雖然昆瑙父親的做生意經驗未必能成為昆瑙效法的對象，但在昆瑙需要時，還是可以向他們尋求幫助或者建議。而昆瑙為了實現這些夢想，現在也盡自己的努力，希望在成績上爭取更高分數，「現在，我在學校讀的選修科是商科和物理。我對物理感興趣，因為會對學建築有幫助，會為我成為建築師打下根基。」

雖然人生不應該只追求功利，但是出於生計考慮，金錢是一個很實際的問題。在昆瑙看來，缺乏金錢是自己最大的限制：不能隨心去國外深造，修讀自己想讀的建築學；沒有足夠本金，不能成功創業，甚至不能替父親償還債務。昆瑙真正喜歡的理想職業是建築師，假使這個理想無法達成，他也給自己留了第二條更現實的路——從商；雖然他不那麼喜歡，但至少是力所能及。面對將來的出路，昆瑙還是覺得需要先發奮讀書。

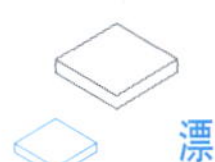

要成功先要讀書

昆瑙在學校的成績不差，其中數學科成績最好，「數學是我強項，計數難不倒我。」中文成積雖然不及本地生，但昆瑙勝在對中文科有一顆求學求知的心，除了自己平時會勤做練習外，也會向老師同學求問，「中文功課最困難的是寫句子，因為中文的口語和書寫完全不同，很難熟記，而且回家也沒有人能幫我。我只能在學校問老師，還得靠自己多寫、多練習。」

昆瑙一向努力讀書，經常留校溫習功課，他對自己能升大學的信心也非常高，「本來我以為有九成、十成把握，但競爭太激烈，尤其是看到那些瘋狂補習的本地學生，就覺得自己入大學的機會率沒那麼高。如果我能集中精力，利用時間，那我大概有六成、七成機會入讀大學。」為什麼信心會降低？「我以前很用功，但後來有段時間有些習慣改變了，譬如喜歡在家玩手機，就讓我分心了，不能集中精神做功課。」為了幫自己重新用功，昆瑙為自己訂立了新的學習目標，也參加了課後的補習班，務求讓成績追上其他同學，「我要重新控制自己的生活，放學後也留在學校補課，稍微休息一下，便開始做功課，務求在學校做完功課才回家。」

無法投入這城

然而，對昆瑙來説，通識科是既困難又沒趣的一科，「我覺得除了通識科，其他科目學習動機、效率都很高。我唯獨不喜歡通識，因為看報紙、看新聞太麻煩，我沒有興趣，一般只從老師和同學口中聽説香港時事。」

香港社會發生的事件，昆瑙的認知極有限。「雖然知道要留意香港新聞，但一返家，我就不會看新聞，這是我個人問題。而且，媽媽和嫲嫲關係不好，嫲嫲經常都坐在電視機前，所以我就任她看她想看的節目。這是我家的問題，別人幫不了。」

幫助昆瑙投入主流社會和加強對香港的歸屬感非常重要，他甚有抱負卻無從實踐，中文能力弱，數學和英語能力卻未能使他更有信心去實踐理想，這個情況有點可惜。

先苦後甜，風雨後會見彩虹

昆瑙從小在印度教家庭長大，他和家人都是印度教徒。雖然他自稱不如家人那麼重視宗教，不過，如果有人問及他的宗教，他還是會毫無顧忌地告訴別人，「這是我自己的選

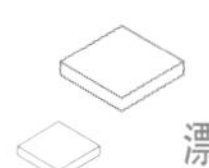

擇。我覺得印度教相對自由，沒有什麼難守的教條，比較舒服。」

面對困境，昆瑙的母親教他禱告，他也相信禱告能幫助他渡過逆境，「印度教沒有規定每天要有固定的祈禱時間。然而，定期祈禱還是需要的，讓我們與神的關係更親近，我們在靈性上就獲保護。」

昆瑙認為宗教對他的人生非常重要，讓他保持樂觀、信心和希望，「即使當下這一刻情況糟透了，但我依然有信心最終會改善過來。雖然現在生活情況也不是很好，但我很努力，相信先苦後甜，年輕時受苦，將來就能享受人生、過得好些了。」

雖然昆瑙被家庭經濟問題困擾，父親的債務使他感到壓力，對現況感到不明朗，但他在多方面都展示出積極的人生態度，這也是他注重靈性健康的成果，依靠着宗教和生活模式幫助他向前。

馬可：

尋尋覓覓的人生旅程

快樂指數，因為父母而扣分

「如果以零至十分來評估我的快樂指數，我會給七分吧。整體而言，我很快樂。因為我有朋友，大家都熱愛攝影，跟他們在一起很有趣，而且他們教會我很多有用的生活技能。事實上，如果不是因為我的家人，我可能會給九分。」

馬可的父母均來自菲律賓，年輕時就定居香港。父親在酒店工作。父親的姐姐開公司，母親大部分時間在該公司從事銷售工作，同時亦在機場和主題公園兼職。每天長時間工作，與兒子對話時間不多，只希望兩個兒子可以用功讀書、

*（受訪內容為英文，本文直接從英文翻譯。）

上大學，將來活得有體面，不需要從事工時長薪資低的工作。這樣單方面的寄予希望，難免對即將應付文憑試的馬可造成很大的壓力。

馬可和哥哥都在香港出生。哥哥中學畢業後於 VTC 修讀遊戲軟件開發高級文憑課程，成績不俗，今年準備升讀大學；而馬可今年十七歲，中學六年級，即將面對文憑試，是家裏最後一個能直接升讀大學的希望。

談起父母對自己的期望，馬可帶着沮喪和無奈的口吻，「我覺得爸爸媽媽很多時候不公平，他們更喜歡哥哥。每次哥哥在家的時候，全家人就好像活過來了；而我在家的時候，沒有人理我。哥哥在VTC成績很好，今年能升讀大學，父母也希望我能如此，他們的期望愈來愈高。我不喜歡和哥哥競爭的感覺，這讓我很有壓力。如果父母不是常常把我和哥哥比較的話，相信我一定會很開心。」

一家四口平平淡淡的日子，相信是很多人夢寐以求的生活。但可能是厭倦了以勞碌換來的這份平淡，「爸爸媽媽很想我的成績可以好些。哥哥可以入大學讀他喜愛的遊戲設計，爸媽自然對他特別好；我懶惰，且不喜歡數學和讀書，感受到很大的壓力，不想留在家中。」父母對馬可的期望，為他帶來壓力，致使他即使有煩惱也不會對父母傾訴。父母和馬可的溝通少了，各自以自己的想法去揣摩、定義對方，這只能令馬可更不喜歡這個家。

前途茫茫

馬可知道父母的期望，自己也知道學業重要，希望能升讀大學。然而他在學校的成績平平，像大多數菲律賓移民，他最自信的科目只有英文科，相信自己可以在公開試拿到4級或以上。而通識科成績也不錯，可以達到及格線水平。同樣，他也覺得中文困難，「我覺得中文老師的教學法對我不是很有效，感覺就是強迫我死記硬背，然後做功課，很煩人。我知道學習中文很重要，但中文太難了，就是無心機學習。」表現同樣弱的科目還有數學科，「我本來就不喜歡數學，而且我這幾年太懶了，沒有努力，只顧打遊戲。」

馬可明知應該儘量把精力集中在學習上，然而，在這最後應該衝刺備考文憑試的關頭，他仍然對前途十分迷茫，不知所措，對學習缺乏動力，尤其是對本來成積未如理想的中文和數學科。

馬可是天主教徒，本來非常熱衷於教會活動，中三和中四兩年曾在教會中服侍，每週返教會三至四次。但是中五開始，由於學業緊迫，馬可決定停止教會義務工作，每週日上教會做一次崇拜，其餘時間都用來溫習。

路要怎麼走？

然而，無心向學的馬可沉迷電腦遊戲，浪費了原本分配為讀書的時間，「之前我花很多時間打遊戲，也不參加學校的活動……」馬可的個人興趣愛好，似乎也是近期才開始挖掘，「最近我儘量平衡自己的時間，參加學校的一些體育活動，比如打籃球；並且我發現自己喜歡攝影，就和好朋友一起參加學校的攝影活動。」

一直以來，馬可都是沉迷電腦遊戲，及至後來喜歡攝影，便開始計劃將來從事相關工作，但要成為一位攝影師，並不是説起來這麼簡單，「我最近想當攝影師，但好像很難實現，因為自己也是剛開始接觸攝影不久，也不清楚未來要到哪兒去進修、又或如何發展等。」

同一時間，馬可也有當廚師的念頭，「我之前曾考慮將來當廚師，希望能夠有一定收入，所以在 ApL（應用學習，Applied Learning）就選了每週二去 VTC 學習烹飪。」這個夢想看似比較容易實現，馬可已經開始準備，但單憑興趣建立的夢想，可能只有三分鐘熱度，最終因為實現路上遇到難題而失去動力。當被問到自己將來想從事什麼職業時，馬可還是誠實地表示沒有什麼方向，「其實我不確定，還在考慮。」

文憑試已經迫在眉睫，馬可的成績很難進入大學，即使是副學士或其他上大學的途徑，馬可也表明沒有信心。面臨可能要提早找工作，馬可依然是「還在考慮」，缺乏固定的目標，也未見有任何行動上的準備，這實在讓旁人為之焦急。

「迷失」的「香港人」

「有時我不覺得自己是菲律賓人，或許主要因為我在香港出生，對香港的環境和人都比較熟悉。雖然我的膚色、外形、血統都是菲律賓人，但當我回菲律賓的時候，我依然覺得自己不屬於那裏。我覺得自己是香港人。」

馬可在香港土生土長，身邊朋友也不乏香港人，雖自稱對香港比較有歸屬感，而在菲律賓感受不到歸屬感；不過，馬可其實也不是完全覺得自己屬於香港。生長在少數族裔家庭，馬可常常覺得自己處於一個「先天劣勢」的狀態，語言

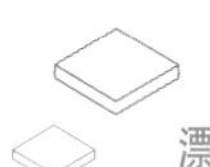

障礙以及對社會體制的懵懂，都使他感到「迷失」。

這部分缺失了的歸屬感，可以從馬可對香港社會的關心程度上看出。馬可坦言自己對香港社會、時事的了解非常一般，看新聞像是完成任務似的，一星期只會在網絡上看兩次香港新聞。相比起父母每天忙裏偷閒，用上不少時間來留意香港和菲律賓的新聞，馬可的了解程度是比較低。

「雖然他們都在香港工作，而且在香港的年日比我長，但是他們都不能流利地講中文。他們對於香港的教育體制也不了解，我在學校了解的情況可能比他們多。」

因為馬可感到父母偏愛哥哥，以致家人與他討論時事時，往往帶着一點不滿的感受，「他們總是強迫我接受他們對香港的看法，從來不問我的想法，我覺得很失望。」

歸根究柢，對這些居港的少數族裔家庭來說，要了解香港社會最主要的渠道和難關都是中文。像馬可一家的情況不少，父母年輕時來到香港，會說廣東話就已經不錯了。

第二代雖然大多是在香港土生土長，中文水平亦多為「半鹹淡」，不足以了解社會，在家中也甚少討論時事。

父母的困局

或許馬可心中所認為的「從來不問我的想法」並不限於時事討論上，也展現在對他的未來規劃上。馬可「想升大專院校，但一點信心也沒有」。他覺得只是父母單方面希望他考上大學，而父母對能考上大學的長子的偏愛，也間接證實了馬可的想法。由於父母對香港教育體制欠缺認識，當孩子意識到需要為升學和就業進行系統規劃的時候，往往已經遲了。馬可直觀地認為，他的家庭背景是限制了他將來的發展，走向成功道路上的一個因素。

從對話中可以看出，馬可對父母有強烈的不滿，即使明知自己現時的學習態度，更會阻礙他成功，他還是忍不住先責怪父母。

然而，中學畢業後立刻投入社會，可能只找到工時長而收入低的工作；如果想間接取得大學學位，又需要投入更多時間、金錢和努力，重讀中六，又或先讀副學士或高級文憑，最終也許還是能上到大學，卻始終要走不少彎路。

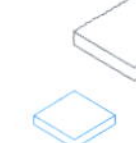

南亞少年——蹣跚的追夢旅程

六位非華裔青少年，都是香港土生土長的第二代移民，除艾沙可以説一口流利的廣東話外，其他的訪問都只能以英語進行。他們的家境（英雄除外），普遍屬於低下收入，踏入了高中的階段，讀書興趣不大，有些同學同時要兼職，影響了學業上的專注，難怪他們沒有信心能夠在香港進大學。話雖如此，他們每一個都有理想：廚師、建築師、心理學家等。而艾沙、亞該亞和索非亞三位女同學，更是在香港開始建立信心和理想。

與本書其他華裔青少年不同的是，每一位南亞少年人，都表明個人的信仰並非只是跟隨家人。他們都注重宗教生活和靈性健康，而艾沙、亞該亞和索非亞三位女同學，對信仰的認真態度比男孩更強。

南亞家長的困難

英雄和馬可兩人都是本港出生的菲律賓裔天主教徒、中五生，有個人的信仰，學業成績不太理想。英雄為人樂觀，好動，朋友圈子廣，對自己興趣和前途有主見。馬可學業成績比英雄好，但因父母喜歡把他和哥哥作比較，而感受有壓力。兩人清楚中文對他們生活在香港的重要性，但又因為中文基礎不穩而影響學習動機，以致不能如願升讀大學或從事理想職業。

與其他南亞學生一樣，由於父母對香港教育體制欠缺認識，當孩子意識到需要為升學和就業進行系統規劃的時候，往往已經遲了。結果，孩子們便感覺在社會和體制中「迷失」了。如何支援馬可這樣的孩子和家庭，值得深思。

家庭阻礙孩子投入社會

昆瑙這個印度男生，年紀輕輕便要為爸爸的債務而苦惱；媽媽的需要和家庭經濟困難，無奈又有點迷惘，逆境使他更關注靈性需要，更依靠他的宗教信仰。他擁有夢想，而且有目標向前。

檢視六位南亞少年人的個人公民身分，既對香港人的身分產生認同，又強調他們是南亞族後裔的文化背景。同是在香港土生土長，又對香港感到陌生和疏離，生活圈子集中於同族或家人宗教群體，對社會時事又極之抽離，形成一個小社區。

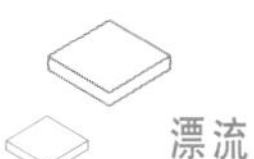

要轉化這群南亞少年的社會態度，教育是一個很重要的場所和制度。與他們交流後，多少明白到他們仍然處於一個被動的狀態，只能等機會讓社會接納他們。學業上得不到成功感、個人的學習動力不足，他們把專注力放於工作世界中，未能善用求學機會主動認識社會，這數點可以在日後的職業輔導課中加強教導。

四、本土學生

成長總是伴隨着煩惱，有何破解之法呢？

阿雷：

信仰更新品行

人如其名

在校內擔任思健學會副主席的阿雷，曾經是一個性格急躁、愛發脾氣的孩子，阿雷稍有不如意就會大發雷霆，無論是誰都會成為他的發洩對象。偶爾會有同學不分輕重地取笑他的身形，這便能使阿雷生氣，暴跳如雷，「平時老友會拿我開玩笑，但如果我真的不喜歡，他們就會停。但有些同學會繼續說下去，我就會大發脾氣。」

更甚者，阿雷試過沒有控制好自己的脾氣，錯手傷及他人，「有次生活營，夜晚玩遊戲、做任務，感覺人很多，好混亂，我就失控發脾氣，扔掉對講機，不玩了。社工走過來和我傾談，我覺得社工好煩人，也對他發脾氣。」像這樣一生氣就罵人、扔東西、傷人，其實不止一次。發脾氣時的阿雷，真是如一顆地雷，他人走避不及便會受傷。

只有爺爺弟弟也開心

阿雷的親生父母在他年幼時就離開了他，媽媽走了，爸爸亦再婚。阿雷今年中四，和爺爺、弟弟一起住，一星期會見爸爸一次，「我小學時，爸爸曾提議跟他一同住，但一直習慣跟爺爺住的我，不想再搬，而且我和新媽媽、妹妹也不熟。」

住在舊區內，阿雷基本滿意自己的居住環境，住所寬敞，社區設施齊全。只是有時附近球場有公眾活動，就會比較嘈吵。雖然年邁的爺爺無法完全取替父母的角色，卻全數擔起了父母的責任，為兄弟倆提供生活上全面的照料。他與年齡相仿的弟弟相處融洽，感覺自己和爺爺、弟弟一起生活很開心，熟悉的環境也讓阿雷住得安心，少了親生父母陪伴的成長環境，看似未為阿雷帶來太大的影響。

功課使我發脾氣

暴躁的性格從何而來？阿雷認為自己暴躁的脾氣可能是天生的，「從小有鼻敏感，兩三日發作一次。看過好多醫生，但醫生給的藥都是暫時把徵狀壓止，食藥後又出現睡意。考試做試卷，有鼻敏感好辛苦，搞到個人常常生氣。」

鼻敏感也能使人脾氣變差？這一點相信暫時未有研究能解釋，但急躁的性格加上無法根治的鼻敏感，會令人更常發脾氣，這倒可能是真的。

升上中學後，繁重的課業使阿雷作息更差，精神欠佳下更難保持理性，阿雷的怒火就更容易被點燃。「剛升上中學那陣子，壓力大，經常擔心要是功課做不完怎麼辦，夜晚難入睡。」後來慢慢適應了中學生的步伐，但升上高中後，又因突然加重的功課量，使得阿雷脾氣再次變差。「中三開始可以入睡了，但升中四後，功課非常多，所要求的字數也很多，尤其週末功課多到令人容易發脾氣。」

雖然經過每夜每晚的「加班」，總算完成了第二天要交的功課，但顧得量卻保不住質，理科、通識科等對阿雷來説是很難駕馭的科目，成為了安撫阿雷高壓情緒的「禁詞」。功課上遇到不明白的地方，阿雷一貫地先怪責老師沒有給出清晰的指引，然後直接選擇逃避問題，只顧自己發洩情緒。於是，又一個解決不了的問題放在阿雷的面前，成為另一個讓他發火的原因，「其實下定決心做，都能應付，但有時我很懶，不想做，有時又發脾氣，把功課扔到地上。」

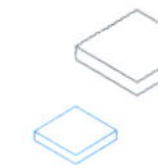

上帝平息了我的脾氣

然而，神奇的是，在本人與阿雷的訪談中絲毫不見他性急暴躁的樣子。阿雷表示自己現在很少發脾氣了。經老師提醒後，阿雷意識到自己的壞脾氣未必是天生的。「老師提醒過我，說我的情緒管理不太好，做事不夠冷靜，脾氣一到，什麼都敢做。」

為了關心阿雷的情緒健康，老師常常找阿雷進行一對一的談話，希望讓他學懂控制自己。「現在我懂得管理情緒，生氣的時候會先深呼吸、出去洗臉；不像以前，不理三七廿一，都先責罵別人。」

老師不光在情緒管理上開導了阿雷，在他心靈健康上亦提供了好建議。半年前，阿雷的班主任開始邀請他上主日學。開始時，阿雷只是人云亦云，跟隨大家去教會、讀《聖經》、低頭祈禱。漸漸地，阿雷也試着在祈禱時真心地與神談話，「去了幾次之後，我試着照他講的祈禱，向神講出自己不愉快的經歷。這好像真的有幫助，個人感覺輕鬆好多。」

長久積累的壓力，透過上帝找到了一個突破口，阿雷開始相信這位看不見的神的存在。「現在每個星期五都去團契，星期日就上主日學，平時會祈禱，吃飯前感恩，考試前祈禱。」信仰使阿雷輕易發怒的情況大大減少，神的話語教導他自制自省。

「有時候也真是忍不住發脾氣，但事後拿《聖經》出來翻看，然後祈禱、反省，我相信信仰令自己的脾氣改善了不少。」對阿雷來説，神是他在天上的父親，「神可以幫我分擔煩惱、減輕壓力。」信仰是他發生轉變的關鍵，也是他現在人生中不可割離的一部分。

而另一個原因就是運動。心靈健康了，身體健康也要兼顧，阿雷覺得運動也不失為一個有效的減壓之法，而且還能減肥，從而漸漸愛上了運動。阿雷不時會約朋友出去打羽毛球、跑步。一起揮灑過血汗的友誼變得更堅固，他自信地説，他的好朋友很多，知心好友也有十多位。

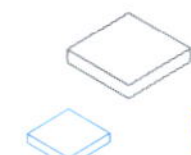

改變由自己開始

脾氣得到改善的阿雷、生活變得愈發如意，更加認識到心靈及思想健康對個人成長的重要性，他就是一個活生生的例子。因此，他參加了學校的思健學會，今年更擔任副主席，負責組織活動，宣傳思想健康，希望出一分力，幫助身邊有需要的同學。

雖然説「新官上任三把火」，現在的阿雷不輕易發火，卻是懷着滿腔熱忱，希望同學們心靈健康。學校有時會請校外的導師來舉辦講座，教授同學一些實際的方法，如時間管理、溫習方法、情緒管理等。但對於學校為學生所提供的心靈支援，阿雷卻認為尚存進步的空間。「有一些只是講道理，感覺整天都坐着聽一些又籠統又空泛的道理。」

對於十多歲的學生來説，在課室內坐上了一天，再到禮堂坐上幾個小時，聽大人講大道理，想像得到是非常煎熬的。即使講座內容再有用，如果學生左耳入右耳出，也只是浪費雙方的口水和時間。阿雷建議學校可以為同學舉辦一些與心靈健康有關的活動，如攤位、工作坊之類。「玩玩小遊戲，輕鬆點，不用整日坐着聽講座這麼悶啦。」阿雷希望能藉着更高互動性的活動，邊玩邊解壓，道理亦不會聽後忘記，有望高效地達到心健思健。

透過班主任一對一的提醒和帶領，與他交談使他反省，阿雷成功改善心靈健康。從自身的改變經歷上，阿雷更清楚什麼樣的支援更有幫助。「我明白有時對着一大班同學講某些道理，很有難度。希望老師平時可以儘量留意學生情況，熟悉學生，然後找同學個別傾談。」

國強：

迎上壓力，放輕心靈

你有壓力，我有壓力

成績欠佳、與父母吵架、感到被老師及同學針對，這些問題在青少年時期都曾出現，並不罕見。而在今日這一代的莘莘學子中，因這些問題而產生了自殺念頭的學生，亦不罕見。

「我也曾想過放棄，壓力大想過跳樓。我好明白自殺的同學，他們面對的壓力很大，一時想不開，就跳下去。」

國強在家中排行第三，對上有哥哥和姐姐，對下有妹妹。父親任職建築，年約四十歲，媽媽是全職主婦，約三十多歲。家庭背景與大多數香港人相同，每天重複過着朝七晚四的生活，像活在一個名為『香港』的工廠裏，精神狀況亦如大部分香港人一般，算不上好，「有時會有失眠、吃不下

飯。」這就如幾年前城中名人「巴士阿叔」說過的一句話：「香港人，誰無壓力？」

睡多一刻，少溫一課

像很多家長，父母對國強的學業成績懷着很大的期望。單靠父親一人的收入養大四名子女，父母除了愛外，還有想子女早日出人頭地的期望。這些盼望落在國強身上，便成為了壓垮駱駝的最後一根稻草，「以前，因為成績常常與父母吵架，家庭關係鬧得很僵，大家都有很大壓力。」

不斷的考試和測驗，就像是小時候在甜夢中突然把我們嚇醒的怪獸；對國強來說，在結束一天的疲勞後，在睡夢中仍要提醒他：寶貴的溫習時間正在一分一秒地流逝，多睡一分鐘可能就會少看一頁書。開眼是功課作業，合上眼是考試測驗的噩夢，「有一段時間特別多考試和測驗，中英數和兩科選修科都要在一兩個星期內考試，一睡就會滿腦子想這些，睡不着。」晚上睡不好，為國強帶來的不止黑眼圈，還有愈來愈難搶救的成績。「夜晚失眠，上學又伏在桌上，自然不會明白，回家又要更努力溫習，面對更多東西就更加睡不着，惡性循環。」

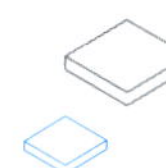

面對學業帶來的高度壓力，國強找不到可以傾訴的對象。壓力像雪球般愈滾愈大，彷彿不奮力跑就會被追上並吞噬，看着身邊人來人往，卻沒有人伸手拉他一把。明明身邊都是可以求助的人，國強卻長期獨自奮鬥，孤立無援，不向人求助也不信任他人。「回到學校，又感到老師針對我，同學又是這樣，那陣子我真是很大壓力。」

壓力日積月累，誰也會受不住而倒下，難怪小小年紀的他已像飽經滄桑的老人，一副看透世事的目光，父母的嘮叨是對他學習成果的懷疑，學校的人際關係也被看成利益關係。國強就這樣認為大家對他都不懷好意，看着世間如此險惡，學習又這樣艱難，於是自殺的念頭輕易地產生。

從讀書的壓力中釋放

人生在每個階段也有相應的難關，就像電腦遊戲一樣，每關都有相應的「大佬」。喜歡電腦遊戲的國強打完這一關的「大佬」後，終於明白了這個道理。

經過嚴峻的讀書壓力考驗，國強總算升上高中，選修自己有興趣的科目，讀書不再是單單求分數，大大減低了他的壓力，「幸好升了高中後，學校生活開心多了，因為中四選科都選了自己喜歡的科目，現在很有興趣學習。」

這趟學習旅程，充滿家人的期望與自己成績落差反復的煎熬，對國強來説並不容易，但只要不放棄，總會帶來一絲希望。回望曾經讓自己生不如死的三年初中，其實也不過如此，以自己的生命作為換取不用考試的代價實在是不值得。

從壓力中釋放出來的國強，終於有時間考慮學習以外的事情，譬如是兼職賺零用錢，買想要的東西，「爸爸只會供應我日常生活所需，其他的要自己負責。我想買電腦玩，所以去兼職。」

曾經因着學業成績而與國強吵架的父母，也開始明白學業曾為國強帶來的壓力，並不反對兒子兼職賺零用錢自給自足，也支持他善用時間，累積不同的經驗，「他們覺得我在家坐不定溫習，我也知理想與實踐是兩回事，知道要溫習，但坐不定，便找兼職，這也可以更好運用時間。」得到家人的理解，國強更認為兼職是可取的事，不再為未能勤力讀書而自怨自艾，徒添煩惱。

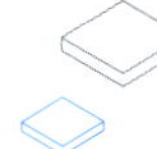

找到快樂的秘訣

雖然國強沒有宗教信仰，但他認為信仰對個人來説很重要，能幫助人維持一個健康的心靈。當國強解釋何謂心靈健康時，他説得頭頭是道，表現得很是了解。國強隱約地知道靈性健康與全人福祉的關係、也和情感和處事態度有關。他同時指出靈性受家庭關係影響，包括父母的婚姻。

「心靈健康是指人的心態、情緒。好多時候，如果心態正面，看事情也會正面、積極；心態負面，看事情也會負面，好像全世界都針對自己。心態、情緒可能會受兩方面影響，一是當下發生的事情，二是從小接受怎樣的價值觀。例如從小都感到父母有愛心且正面，長大遇事也會正面看待；但如果父母離異、家庭環境差，可能看事物就會負面。」果然還是旁觀者清，現在的國強也明白到之前無比巨大的壓力，更多是來自他過於負面的心態。

國強現在的心態正面多了，變得樂觀，對事物也有了很多自己的見解。讀書不再是他的噩夢，反而成了他的興趣，就像是賺錢為自己買一部電玩一樣。

「讀書不成，也不一定是要找低下階層的工作，工作無論如何也可以找到的。」對事情有了新的解釋後，他看待事物的眼光已變得不一樣。

「懂得舒緩壓力，會找朋友同學傾談。男生壓力通常很難抒發出來，打打球、打打遊戲機，一開心，那一刻就過了。」曾經把國強逼到懸崖邊的壓力，現在變得一點都不難對付；曾經認為是針對自己的同學，現在也成為了國強在成長路上的戰友。

幸兒：

重獲機會，重尋未來

如夢初醒，如病初癒

「做人要努力才不會浪費機會，很多中三同學因為只喜歡玩，已經離校。媽媽建議我重讀中五，打穩基礎，再發奮。」曾經渾渾噩噩地過日子，那些年幸兒的夢想是玩盡人生。看到那些和自己以前一樣，貪愛玩樂多於學習的同學離開學校後，前途一片迷茫，幸兒開始反思自己的過往；同時受到家人的鼓勵，決定重讀中五。

雖然是做了重讀的決定，卻因為曾經耽於逸樂，已經成人的幸兒猶如剛學飛的幼鳥，毫無方向。過去十多年虛度的時光，並不能靠當下的一個決心就能彌補，所需的努力比他人都要更多。

幸兒的初中至中五，都不是活得很有方向感。據她的分享，朋友的影響很大，校園的閱讀氛圍也是一個很重要的因素，有助學生計劃和探索前途。所以重讀中五後，幸兒顯得比前更為積極和有目標。

愈努力目標愈遠

慶幸學校的學習氛圍很好，幸兒不自覺地努力起來。「我很喜歡這所中學。換了新校長後，學術氣氛明顯改善了，更注重學業成績，同學用功多了。以前不太重視學科成績，現在不同了……我也開始用功起來。」在別人嬉戲玩樂的小息時間，幸兒在自己座位上埋頭做功課；放學的時候，幸兒背上書包，到住所附近的自修室溫習。「有時候回家放下東西便去自修室，那兒可以更專心。我會花四至五小時溫習！」曾經是幸兒最愛的玩樂時間，現在都成為了她最珍惜的學習時間。

幸兒的轉變是大的。當她的學習態度轉變愈大，卻發現與目標的距離愈遠。曾經不知道學習為何物，現在知道了，卻發現比想像中更難以接近目標。幸兒在學校頗為活躍，是戲劇組、紅十字會和英文學會的成員。她希望將來在演藝

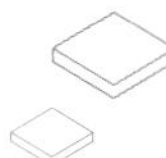

圈一展身手。雖然幸兒的進步，是為她身邊的人所喜聞樂見的，她亦有演戲的天分，但她知道，自己仍不是很喜歡讀書，現在的努力更多是為了將來不讓自己後悔，而憑自己現時的成績，要考上香港演藝學院還是不容易。

都説，人一定要有夢想，有夢想才會有方向。幸兒再一次被現實喚醒，不但沒有被打倒，而且再一次換上了新的決心，「希望努力一些，改變學習態度！」

大概感到過去浪費太多時間，現在的幸兒心無旁騖。為了能考上心儀的演藝學院舞台設計的課程，她更積極地學習，遇到不明白時就向老師同學虛心求教，「有時候請教中六時的朋友，他們有時也會主動幫助我溫習。」遲來的努力，比以前付上更多，希望這份努力能為幸兒換來相對的成功吧。

重讀是重新開始

決定重讀的幸兒像是經歷了一次重生，重生後的她比以前懂事得多了，自信也強了，肯定自己的獨立性。

幸兒深信作為大家姐的她理應自給自足，不能像兩個妹妹一樣依賴家人，「我也做兼職。每月可以有數千元收入，不用向家人要生活費。」看到男同學到連鎖快餐店找工作，女同學則主要在連鎖服裝店兼職，大家都不只想有收入，且會籌算日後可行的職業導向，幸兒對未來流露出了一絲憧憬。「由初級開始做，他日便可以升作高級銷售員，對她們的前途有很好的幫助。」

前行的最強後盾

幸兒有個平凡而關愛的家，有兩位與她年紀相約的妹妹，和她上同一間中學。任職專業司機的父親一人養家，母親則持家，生活拮据卻不失和諧。家教不嚴但對孩子有要求，雖然容許幸兒虛度了好些日子，但母親會在幸兒一次又一次迷失方向時指導她回歸正路，讓她自由選擇自己的路，希望她日後不至於太過後悔。因此，即使家中發生了變故，

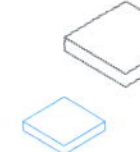

亦只是驅策她，卻沒有打倒她或讓她再次放棄。幸兒重新擔起了長女和大姐姐的責任，希望自己能帶來好的改變，「因為家中的經濟不好，出現了問題，我不能再繼續懶散下去，需要做些事情。」她因此重拾了對前途和升學的反思，開始努力尋找一個更積極和勵志的改變。

希望社會進步

重新出發後的幸兒，把大部分時間都放在讀書和兼職上，家人之間很少關心時事，她清楚知道各種可以增加公民參與的途徑，同學們偶爾也會就不同社會事件發表個人意見，「以我所知的兩個班級為例，這間中學的女生比男生更喜歡表達個人對時事的意見。」

不再以自己的娛樂作第一目標後，她對未來有了清晰的規劃，用新的身分看世界，幸兒對自己土生土長的香港也有了歸屬感，希望留在香港發展，也表示會盡公民責任，「十八歲後我會投票。投票不是破壞舊的東西，而是改善舊有的東西，讓社會進步。一人一票好，好像美國以一人一票選總統。總比現在雖然有得選，但是內定那幾位好。」當被問到對社會一些看法時，幸兒的解答毫不含糊。

當生活慢慢上了軌道，幸兒開始享受生活帶來的樂趣，更樂觀地看待自己女生的身分。「男生的目標比女生更高，面對的家庭壓力更大，所以他們不及女生那般快樂。」雖然女性在大部分社會議題中仍被視為弱勢，在社會參與的期望也比男性低，幸兒毫不氣餒，反而少了點壓力，也許是經一事、長一智吧。現在的她，有了目標，沒有野心，一步步地向目標走近。

還是靠自己吧

幸兒一家的宗教氣氛不濃，父母雖然偏信道教，會偶爾拜山拜地主，但近年也少參與儀式。幸兒不太相信這些拜祭行為，六年在基督教學校的薰陶，雖然沒有令她相信宗教，卻間接使她減少自我中心。「信仰使人活得積極一點，看事情有多角度，不會只想這些事情對自己好不好，反而會問，對我的家庭好不好。」

當討論靈性健康時，幸兒直言自己沒有想過。而且她從來也沒考慮要有信仰，遇到困難也不會祈禱，「我相信靠自己便可以。」

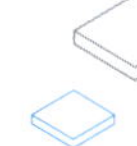

家健：

撇下心魔，重享自由

當警察相信是不少青少年當擁有過的夢想，在學校擔任風紀的家健也不例外。十八歲的家健是一位中五生，他做事認真、責任心強，常常得到老師和同學的稱讚。他熱愛體育運動，是學校足球和乒乓球校隊成員。這位陽光開朗、充滿活力、又受人喜愛的大男孩，當被問到起初做風紀的原因時，卻像一個做錯事的小孩子垂低了頭。沉默了一陣子，正當本人要追問會否與兒時夢想有關時，家健開口了，慢慢地說出了他一段特別的故事。

迷途時，祂救了我

初中時的家健很頑皮，是老師眼中需要重點監視的「曳」學生，訓導主任辦公室是他

要每天「打卡」的地方。家健在初中時做錯了一件事，為他帶來一生的影響。他在校外藏毒被捕，留了案底，雖然感化官警誡他，按條例，十八歲後，如果沒有被判入獄三個月，就可以當無案底，「我本來想長大以後做警察，因為那件事我恐怕已經沒有機會！」

雖然家健嘴上説着擔心案底會導致童年夢碎，但因為仍有洗底的機會，僥倖心理像耳邊的惡魔，讓他再一次走上歧途，「我知道自己壞，但我做完壞事之後仍舊不怕死，想繼續藏毒。」家健確實再一次藏毒，並且在路上遇到了警察。

走投無路的家健想起在基督教小學和教會的基督徒，也想起兩位基督徒姐姐，在遇上問題時都會祈禱。家健學着他們祈禱時的樣子，雙手合十低頭祈禱，「如果這次不被警察捉到，我以後都不會藏毒。」家健堅信，那次是神垂聽，並且真的給了自己改過的機會。「神竟然真的救我，警察沒有查我，直接讓我過去。如果再被人捉到藏毒，便不會以一條輕的法例入罪。對我來説，那次真的有好大影響，如果神沒有救我，現在的我就完全不同了。」

「那次是我第一次祈禱。自從那次祈禱後，我開始相信耶穌。」那可能是家健的心與神最接近的一次，使他相信了

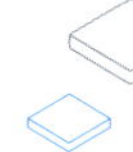

神的存在。從前的家健不信神，雖曾抱着好奇心去教會看看，但不會認真思考神與他的關係，不願意受宗教限制。自那次後，他信守對神許下的承諾，痛改前非，他的改變連老師和同學也有目共睹，的確是從「曳」變「乖」了，「訓導主任好清楚我一路的改變。他見我變乖，就直接叫我幫手做風紀。」

上學有點似坐牢

初中時的家健反叛，「不想上學，覺得好似坐監。」洗心革面後的他變得喜歡上學。他人緣比較好，有很多朋友。面臨即將來到的公開試，家健因為沒有十足的把握，更是珍惜當下的校園生活，「如果入不到大學，我可能出來工作，那麼現在就是最後一、兩年的讀書生活。如果不回學校、浪費時間，就會失去最後的讀書回憶。」

然而，家健變「乖」並不是人生故事的結尾，而是另一段挑戰的開始。

直到如今，家健仍會因為以前的過犯而睡不好，晚上經常會從噩夢中醒來。升學壓力同樣影響他的睡眠質素。家健覺得自己的睡眠素來很淺，醒來依然很疲累。

對家健來說，壓力主要來自家人的期望和比較。由於兩位姐姐都未能直接升讀大學，父母的期望全都落在么兒身上。身為唯一的兒子，可謂任重道遠，「媽媽對我期望好大，而且她會把我和姨媽的兩個子女作比較，他們入了中文大學。」

父母的關心往往會不自覺地成為對子女的壓力，「回到家裏，家人不停叫我溫書。我覺得好煩，就會關門，向他們說我已經溫習完了。」家健也有為自己訂立溫書時間表，亦有為自己制定適當的娛樂時間。但父母仍擔心他還沒定下心來學習，提醒的話語到了家健耳邊便成了催促，「有時我想放鬆一下，游水、踢球、玩電腦，但他們又叫我溫書。」

對將來仍然不確定

家健對前途的迷失，形成巨大的壓力。因為留下案底，家健總是擔心無法實現夢想。當問到如果無法做警察，想從事哪種職業時，家健也有很多想法。「將來有機會的話，我想做會計師，或者從商，或者做投資分析師。」不過，無論這些新的夢想，都是建基於入大學這個前提之下，這對校內成績一般的家健又是一個千斤的重擔，「我害怕自己進不到大學。」

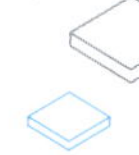

其實高中畢業也能從商，或者效法姐姐經其他途徑上大學，但家健已有替代之策。如果入不到大學，家健打算投考消防員，「因為做消防員不需要讀大學，只不過晉升機會不大，但是工作穩定。」看似對自己的生涯規劃已有主意的家健，心裏毫無打算，壯志凌雲的話語間，卻不住地透漏出不自信，「其實對於將來，我不肯定，有時覺得好迷茫，也好慌張。」

指望與信心

是的，成長總是伴隨着煩惱。有何破解煩惱之法呢？對已經歸信上帝的家健而言，他的信仰和與神的關係可以幫他迎難而上。

自從家健那次祈禱後，祈禱就成了家健生活中必不可少的一部分。無論在何時何地，遇上何事何物，家健都會祈禱。平時，他有固定的禱告時間，與神「閒話家常」，「我會為家人的身體健康祈禱，特別是為爸爸，因為他年紀大了。」同時他也會告訴神自己最大的憂慮——前途，「我不期望神會讓我不勞而獲，我只希望可以睡得好、有信心，希望神給我指示。」

雖然對家健來說，神仍然是看不見、摸不着的，但他深信，神是真實存在的。祂看到我們在不安中徘徊，聽到我們在每一天結束後深深的歎息，知道我們不輕易向他人訴說難處和憂慮。對家健而言，神亦是值得信賴的，可以讓自己放心傾訴所有深藏的煩惱或憂愁。祂會作我們腳前的燈和路上的光。想到神一直在他成長路上默默地支援，家健對未知的將來變得有把握和盼望，「可能這就是心靈健康，能夠肯定自己將來會有前途，能夠安心快樂，不會無緣無故鬧情緒。」

家健打開了他的心門，讓神內住，這信念使他保持着與神的關係，也減輕家健對未來的不安，多了一份期待，深信神會為他作最好的準備。「雖然目前我不是很清楚自己將來會不會入大學、做什麼職業，但每次祈禱後就感覺整個人開通了，好似被肯定了。」他知道這些禱告並不是單方面的傾訴，神一直存在並且在我們的心中，並可以與神的對話，相信祂會聆聽，也會回應。

「信就是所望之事的實底，是未見之事的確據。」(《聖經 · 希伯來書》11 章 1 節）大概是家健現在的寫照。

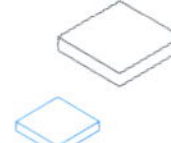

張敏：

我的世界只有玩樂與學習

補習、補習！

香港學生流行什麼呢？如果問張敏，她可能會回答：補習。

張敏是土生土長的香港女生，今年十四歲，家中有父親、母親、嫲嫲和妹妹。一家五口蝸居在九龍的居所內。父母約四十歲，父親為廚師，母親做侍應；妹妹十歲，讀小六。張敏六歲前和母親在英國住過一段時間，回港後多讀了一年幼稚園。

雙親忙於工作，沒有時間照顧張敏和妹妹，但緊張她們的學業，希望她們用功讀書。由於父母都沒能教功課，姐妹倆自小去補習社。張敏自小二便開始一星期六天的補習生活，「除了星期日，我和妹妹每天都要補習，補全科。」

張敏放學後，先回家吃點東西，有時會留在學校做功課，晚飯只能到附近便利店匆忙解決。「以前我讀小學都是每日補習，四點鐘左右開始，現在讀中學，補習五點、五點半或六點鐘開始，補到晚上八點幾鐘，遇上考試時段，則補到十點幾。」學生生活可謂過得比打工仔生活還要忙。

繁忙的「加班」補習生活未能為張敏帶來「升職」或「加薪」，卻為她帶來預期的好成績。今年，張敏讀中二，成績良好，特別擅長數學。補習社教張敏做功課和溫書，也使她在學習上變得習慣性地依賴，「我已經習慣遇到不明白的東西就問補習社老師。有次我沒有返補習社，有些功課不懂，家裏又沒人，不知問誰好。」

張敏也像時下年輕人一樣，喜歡上網。平時一至五要上學，星期六又要到補習社報到，只有星期日可以留在電腦前，半天不挪一次姿勢，「由早上用到晚上，上網看電影。」

頻密的補習或許已經使張敏變成一台學習機器，一星期六天的學習程式已被輸入腦中，沒有課堂的日子，張敏也不主動去學習，而她的依賴性也從這裏體現出來。即使臨近考試，張敏也需要靠補習社老師的「連環 call」來提醒她溫習，「有次我要考科學，補習社老師叫我回去補習，因為是星期日，我不肯。但她打電話來叫我溫英文生字，默完之

後 WhatsApp 給她看。」對於張敏的學習，自她小二為她補習的老師，卻比她更上心，比她看來更富責任感，真的是「皇上不急太監急」。

沒有空間的生活

家裏空間有限，張敏一家五口擠在一個細小的私人樓宇單位。張敏自出生便住在這個只有兩房的單位內。嫲嫲是長輩，有自己的臥房。而父親、母親、張敏和妹妹四人就擠在另一間臥房，睡兩張碌架牀。

十四年的蝸居，張敏並沒有習慣，反之，狹窄的生活空間經常使她感到厭煩，尤其在個人物件總不夠位置擺放，非常不便。「我留在房做自己的事情，東西擺放在一邊，媽媽突然間進來收拾東西，叫我讓開一點，我就覺得很煩厭。」

即便如此，由於爸爸早出晚歸，經常見不到他，張敏認為和媽媽的關係最好，「媽媽逢週一放假，我補習前有時間都會一起逛街，買東西吃；暑假我們一起看電影、探訪親戚。」談及年紀尚幼又不時惹她生氣的妹妹，張敏有半分無奈，也有半分享受，「妹妹有時好惹人生氣，跟她吵架，但有時媽媽給她東西吃，妹妹又讓給我，我就覺得很不好意思。」

小確幸

天性樂觀的張敏，看事物還是喜多於怨。生活充滿着瑣碎卻又無法忽視的不如意，如缺乏個人空間、缺少父親的陪伴、和妹妹的口角等，但每當她想起和家人之間的快樂回憶，又發現那些不愉快的事都可以被愛化解。

她喜歡校園生活，校內的快樂滿足感比在家太高。張敏在學校受到老師和同學親善的對待，「老師好好人，同學都友善，大家會一齊聊天、一齊玩。」面對沉悶的課堂，張敏還是抱着認真求學的態度去上課，但小孩子的心性依舊是喜愛玩樂，張敏亦不例外，「如果老師上課準備多些遊戲或者小組討論，可能會有趣些。」

然而，從對話當中不難看出，她一直帶着淺淺的微笑，看着開朗活潑的張敏，更像是被困在自己世界裏的一部學習機器。

我只留在自己的世界

張敏的生活圈子集中在家中、學校和補習社，平凡的生活不會誘發張敏對外界事物的好奇心。她活躍於校內的攝影學會和劇社，但對學校以外的事物卻毫不關心，平時不愛看報，不留意新聞，父母也很少與她討論社會時事。「沒有參與社會活動，因為沒有人陪我。十八歲的時候，應該都不會在區議會投票，我不關心這些議題。」

臉上一直帶着淺笑的張敏，在談及這些在她三點一線以外的生活，倒是一臉冷漠，「我關心自己的事，譬如成績。我整天看着自己的成績，關注分數幾時升、幾時跌，計算一下上次同今次有什麼不同。」

也許張敏覺得自己正值志學之年，除了面前的課業以外，社會事則事不關己。不光是對香港的社會問題，甚至是較為切身的教育制度，或是自己的未來等等許多事情，張敏也是懵懵懂懂的。雖然有升讀大學的想法，但當本人嘗試詳細追問時，張敏顯得不太願意細想，「我現在讀到中二，不知幾多年就要考不知什麼試。」

即使職業規劃，張敏也抱着人云亦云、隨波逐流的想法，「看完一些電視劇，我就會改變想法。譬如看《衝上雲霄》時就覺得飛機師好有型，想做飛機師。小時候曾想做記者，可以周圍去；又想做空姐、律師。」所以其實最想做什麼？張敏表示沒有想過。

那張敏最擔心又會是什麼呢？張敏認為也是成績，「老師説全港前 18%，就是那些好厲害的學生才能進入大學。我本來覺得表姐好厲害，但她都進不到大學，這讓我有一點害怕。」或許在張敏的世界內，只有成績好才是真正的好，在學校的生存規則就是成績，誰説「求學不是求分數」呢？

失去目標可以生活嗎？

對孩子來説，成績固然重要，但生涯規劃同樣重要。至少也應該知道，自己如此努力取得好成績，究竟是為了什麼目標？此外，人在社會中，與社會互相影響，兩者是不可脱鈎的。經本人提醒後，張敏意識到成績只能決定一時的排名，不能決定她的將來。如果政府提供更多的就業機會，也能幫忙找到好工作，本人建議張敏可以提高自己對政府的期望。為什麼之前沒有想過這些？「因為我覺得工作離我很遠。」

香港補習文化盛行。從積極一面看，補習社確實在學習上，對張敏有很大的幫助，張敏也很感激自己的補習老師；然而從另一面看，她對補習社的依賴值得家長及教育人士反思：是否除了教孩子應付眼下的考試之外，也應當放眼於終身教育，在現階段更多啟發孩子自主思考、培養獨立解決問題的能力？知識絕不是零散的，而是環環相扣、息息相關的，如果不把考試結果看得那麼重，更多關注孩子的學習過程，給予孩子時間並引導他們梳理知識網絡、舉一反三，也許對孩子的思維培養更有益處。此外，補習強度及時間安排也值得斟酌。現在，許多孩子喜歡説 Work hard, play hard.，彷彿只有無節制的玩樂才能補償痛苦學習的精神損失，但無節制的玩樂往往也難以帶來長久的快樂，結果僅僅是加添空虛感。家長及教育人士不妨想一想：如何能幫助孩子平衡學習和玩樂，甚至如何讓孩子寓學習於玩樂、寓玩樂於學習呢？

可是，光陰似箭，日月如梭，文憑試和工作其實沒有那麼遠！凡事預則立，不預則廢，希望張敏還是及早計劃、準備吧！

恩好：
靈裏富足，釋放潛能

幸福是什麼？也許這是一個老生常談的問題，但是你真的清楚嗎？

平凡便是恩典

許多孩子覺得自己不幸福，因為人們常常出於一種比較的心理，為「幸福」設下一些刻板的條件或標準，挑剔一些客觀事實，喜歡假設：如果我出生在一個富有的家庭、如果我的父母受過高等教育……似乎大家都不想輸在起跑線。然而，現實中總有條件無法滿足，總有情況無法達標，自己的幸福感就會降低，甚至會出現埋怨、自卑、壓力過度等問題。但是，恩好卻在平凡中享受幸福。青少年確實需要有夢想、有追求、對未來有盼望，而懂得感恩、珍惜自己當下所擁有的一切，也同樣重要。

讓恩好告訴你，幸福是什麼。

恩好生於香港，在一間基督教中學讀中三。她成長於一個平凡的四口之家，與父親、母親和哥哥同住。父親年過半百，居港二十餘年，初中學歷，是地盤工人；母親在香港出生，年近五十，亦為初中學歷，在商店兼職清潔；哥哥二十歲，生於香港，在香港專業教育學院（IVE）讀化學。

家是最幸福的禮物

恩好的雙親每天早出晚歸，父親的地盤離家甚遠，日頭未出他便起行，日曬雨淋，工作少點氣力也不行。不過他仍然很喜歡返工，回家時經常說笑，可以開工養家是他最大的驕傲。母親則要提早在商店開門前做早班清潔，即使匆忙，但趕及下午回家為家人準備飯菜。恩好的哥哥也很疼愛妹妹，雖然不再每天和恩好一起上學，兄妹每星期仍然可以一起到教會去。恩好認為這樣的家庭，平淡而不失和諧。

問到家庭幸福的秘訣是什麼？恩好相信是多溝通，而每天的晚飯時間是一家人都不會缺席的溝通時間，「爸爸覺得一家人一起吃飯好重要，所以我們每晚都會一起吃飯，他還規定吃飯時不可玩手機，而要分享當天開心或者不開心的事。」定下這個規矩的恩好爸爸亦以身作則，無論工作多繁忙，地點有多遠，每天下班必定會趕回家，為求不缺席這個能與妻兒共聚一堂，用膳、溝通的時間。

恩好是一位基督徒，她認為有些事情是命中注定的，譬如家境，又或是生命中遇到的人。恩好家境雖然普通，雙親出身低微，沒有高學歷也沒有高薪厚職，但恩好相信自己父母已經把最好的給了他們兄妹倆，就如神對他們一家一樣，「雖然有時不明白原因，但神不會選錯。既然是神給的，就喜樂地接受吧。」

恩好深愛家人，也深信神的安排，她知道這份平淡是神為她預備最大的恩典，親情就是神給她最好的禮物。

充滿信任的校園

恩好的家庭生活美滿，在學校又如何？

恩好在學校亦是老師和同學的小幫手，曾經擔任過學生團體幹事，幫忙籌備學會的活動，現在是風紀、科長等等，有時會幫忙做早會司儀，「這兩個月還有幫手訪問老師之類的活動。」

恩好在學校待人熱心友善，深得他人信任。恩好認為這份信任是雙向的，老師對她態度親善，也是令她積極參與校內活動的原因，「這間中學的老師很體貼、有親切感。」以前哥哥就讀時是風紀隊長，看到哥哥在這間中學讀得很開心，恩好也想入讀，父母也同意；因為很多老師都知道恩好和她哥哥的兄妹關係，便對她有了一份連帶的信賴感，「她們經常教導我如何協助他們做事，覺得我都很好，就找我做風紀。」

恩好是一個樂觀、積極的女孩子。對於讀書，她有清晰的目標，也有上進心。她清楚自己的長短處，希望花多些精力來溫書，又能操練自律；對於學校生活，她很有歸屬感和滿足感，因為老師總是熱心支持並鼓勵學生，與同學的團隊合作也很愉快，營造了十分溫馨的校園氣氛，而且老師也給她不同的機會參與各種活動、擔任領導角色，增加了她的成就感。

夢想好遠

恩好學習成績一般，最喜歡中文科，自兒時起便夢想當教師，希望可以成為一位關心學生，傳授知識給學生，讓學生容易明白中文精髓的好老師。但是，恩好對自己成績不太滿意，尤其是現時的中文成績，對入讀大學亦沒有太大信心，「感覺夢想好難達到，因為要考試。」

夢想需要靠一定程度的努力才能實現，恩好自問也算頗努力，平時在學校結束補課後，回到家中都會繼續用上一、兩個小時溫習，考試時期更是努力，「平時考試、測驗的話，學校會放半日，都會拿來溫書。」這種程度的努力足夠嗎？恩好覺得並不足夠，「如果要再提高成績，應該再抽多一些時間溫書。」她坦言自己欠缺學習的主動性，偶爾也會以各種理由逃避溫習，現階段以「操練 Discipline」作為短期目標。

信仰之路

談到心靈健康，「我會給自己八分。我經常覺得自己幸福、開心。」

恩好信了耶穌三年，信仰在她的成長上有很大影響。起初是哥哥帶她去見學校內的宣教士。他們相約放學後一起查經、祈禱，以栽培他們的信仰，「他跟我說信主是怎麼樣

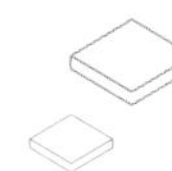

的，然後，我就信了。」恩好歸信基督的過程如她的生活一般，簡單平淡。而這份平淡，便是為恩好帶來了心靈上極大的滿足感。身邊的家人、朋友、老師，讓恩好覺得不寂寞，現在有了神在她的心中，恩好更知道自己的成長是美好的。

對恩好而言，保持家庭幸福的秘訣是溝通，維繫與神的親密關係的秘訣也是溝通，是雙向的溝通。信仰讓恩好學會了祈禱。之前，恩好沒有祈禱的習慣；信神後，恩好每晚都會祈禱，把當天發生的開心或者不開心的事情，一一向神訴説，「尤其到了測驗考試的時候，會覺得害怕、緊張，就更加要祈禱。」

可能有人會認為日常的種種已經使人忙得焦頭爛額，沒時間去考慮信仰，又或者覺得信仰幫不到自己，凡事要靠自己；但恩好認為祈禱正正讓人在一天混沌後安定下來，靜心思考得與失，「祈禱能讓我有一個安定的心來考試，這樣持續祈禱下去，就算到高班也是 OK 的。」

信仰讓恩好學會了感恩，也學會了應當將榮耀歸向創造主，「以前經常想，身邊萬物是怎麼來的，後來看《聖經》説是神創造的，就會感恩神創造宇宙萬物。」

平淡但快樂

恩好信神的過程十分簡單，沒什麼大起大落、絕處逢生的經歷，甚至簡單到僅僅是因為哥哥和宣教士告訴她，她就相信了。然而，信仰對恩好的影響卻一點都不簡單，具體表現在內外兩方面：內在的影響包括靈性（譬如對神的尋求、信靠神、自己與神的關係）、價值觀（譬如幸福的定義、追本溯源、感恩）、情緒（譬如感覺喜樂、平安）等；而外在的影響主要表現在行為和活動上（譬如禱告、參加查經小組）。

《聖經》說「要常常喜樂，不住禱告，凡事謝恩」。恩好便是一個活見證。

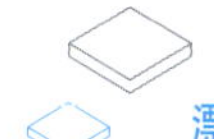

本土青年 —— 期待撥走迷霧

這六位本土青年人走過的人生路不同。他們家境一般是中下階層，除了恩好和張敏二人對學業較為認真外，家健因藏毒而留有案底，幸兒在玩樂的人生中險些奉上青春，阿雷的脾氣令他經常失控，歸信基督教前常常處於成事不足、敗事有餘的光景。

從他們分享的經驗中看到這群青少年心靈疲倦，除了電子遊戲，基本上是沒有方法使心靈感到安穩的。國強因怕與人比較，險些被壓力打垮，閃過自殺的念頭。家健對家人的提點視作管制壓力。找不到求學的目標和鼓勵，幸兒和家健轉移目標定睛於物質和肉體上的滿足，幸好獲家人關心，幸兒重新訂下人生目標，努力讀書；家健在信仰尋着力量和自信，重新上路。張敏的世界觀非常狹窄，除了上學、補習和返家之外，社會如何，政制如何，家人不會主動談及，她也沒有興趣去求知，彷彿社會與她無關。他們都是「港產」青少年，卻對社會時事不關心不上心不清楚。也許他們代表大部分香港中學生的心聲，都是活一天算一天。

信仰和靈性健康關係密切。面對成人生活，中學後的前路，大家都因為成績不理想而卻步或迷惑，不同的是，阿雷、家健和恩好都靠賴宗教信仰的幫助，導引他們走出困境，使他們有力量和勇氣去面對。沒有信仰的學生，家人的關心和支持便顯得更重要了！家境是否富裕並不是最重要因素，家人之間的美好相處和真誠才是寶貴。

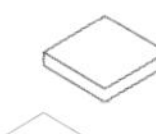
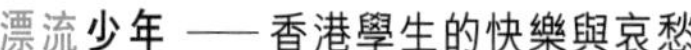

下卷：青少年的靈性與生活滿足感研究

一、青少年的生活滿足感

青少年的靈性與生活滿足感

問卷結果分別以三個華裔及一個非華裔學生群體作比較。整體而言，所有學生群體對朋友的滿足感最大，對居住環境及學校的滿足感較低。

(1) 新來港學生的自評分數（下文簡稱為「評分」）最低，特別是對居住環境的滿足感與其他群體有較大差別；

(2) 南亞裔學生的評分最高，特別是對學校的滿足感與其他群體有較大差別；

(3) 跨境學生與香港主流學生在各範疇的評分無顯著差異；

(4) 南亞裔學生在所有範疇上的評分最高；

(5) 新來港學生在家庭、居住環境及學校範疇上的評分最低；

(6) 跨境學生與香港主流學生所有範疇上的評分接近。

註：本卷的部分內容曾於 2016 年 6 月 7 日的新聞發佈會中發表。

性別

- 女生在所有範疇的評分均比男生高，特別是在朋友及家庭方面較明顯。

學級

- 除了在自我範疇外，中一至中三學生在生活滿足感的評分均高於中四至中六學生。

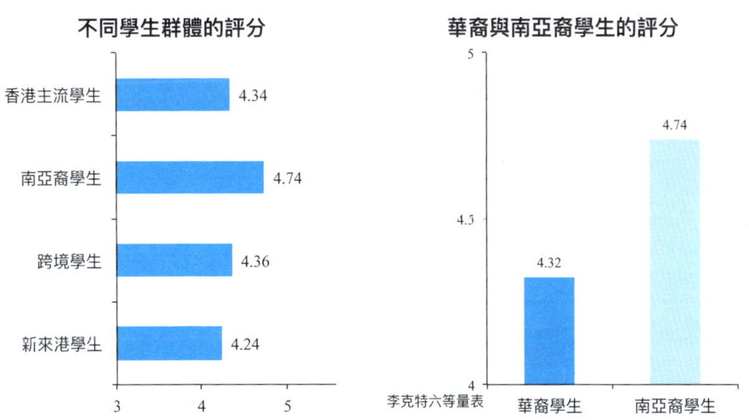

南亞學生群體在整體的生活滿足感的評分，高於所有華裔學生群體。

生活滿足感——華裔與南亞裔學生的評分

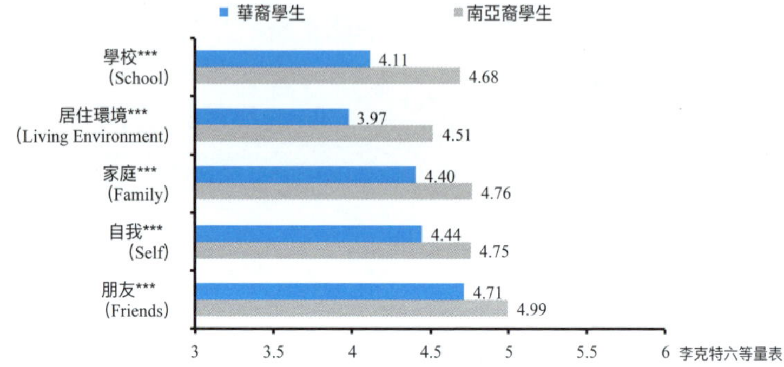

南亞裔學生的評分在各方面都較華裔學生為高，特別是對學校的滿足感明顯高於華裔學生群體。(註：南亞裔指印度、巴基斯坦、尼泊爾、菲律賓等族群；華裔指本港主流、跨區及內地新來港的華人學生。)

生活滿足感——不同學生群體的評分

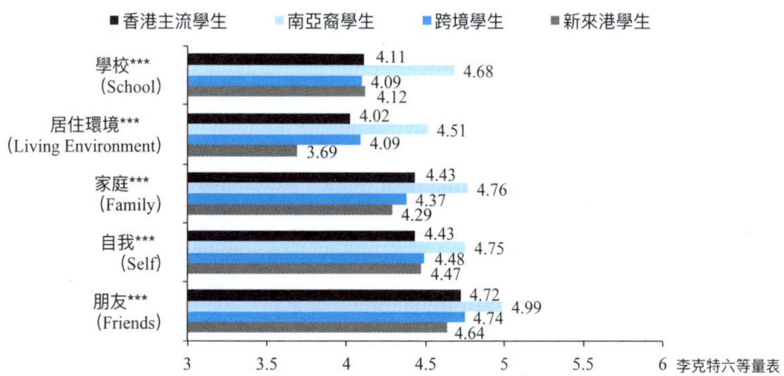

香港主流學生與跨境學生在生活滿足感的各範疇上無顯著差異；新來港學生的生活滿足感評分最低，特別是對居住環境的滿足感與其他群體有較大差別。

生活滿足感 —— 不同範疇比較

	居住環境	家庭	朋友	學校	自我
南亞裔學生	最高				
香港主流學生	無明顯差異				
跨境學生					
新來港學生	最低				

南亞裔學生在所有範疇上的評分最高，新來港學生在家庭、居住環境及學校範疇上的評分最低，跨境學生與香港主流學生在所有範疇上的評分無顯著差異。

生活滿足感（家境之別）

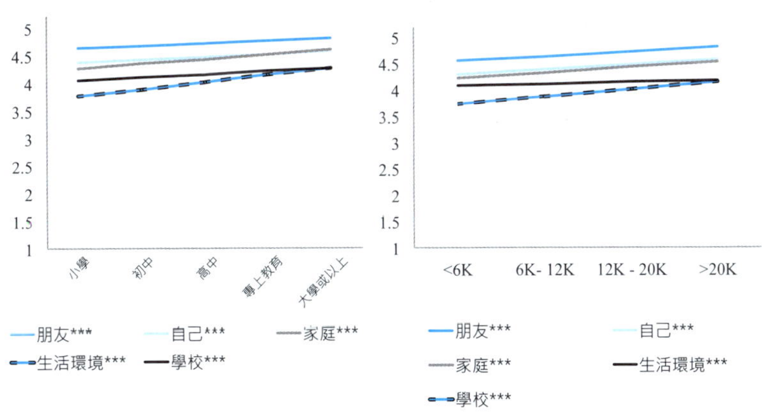

父母教育程度及收入，均在生活滿足感的各範疇中產生統計學上的顯著差異。

學生的個人和家境因素對生活滿足感及學校參與感的影響（回歸分析）

	朋友	自我	家庭	居住環境	學校	情感意識	認知	行為
性別（Ref: 男）	.194***	.069***	.162***		.118***	.077**	-.078**	.204***
班級（Ref: 初中）			.062*	-.113***				-.103***
宗教信仰（Ref: 無）	.082**	.072**	.060*	.116***	.151***	.111***	.078**	.073**
家庭月入	.084***	.088***	.097***	.120***	.054**	.045**	.040**	.043**
家長教育程度			.047**	.072***	.030*	.029*	.049***	.048***
調整後的R方（Adjusted R-Square）	.025	.017	.021	.033	.013	.007	.010	.023

註：只報告有顯著差異的結果；*p<0.05；**p<0.01；***p<0.001

學生的個人和家境因素對生活滿足感及學校參與感的影響（不同學生群體）（一）

		朋友	自我	家庭	居住環境	學校	情感意識	認知	行為
主流學生	性別（Ref: 男）	.189***	.106***	.161***		.095**		-.098***	.180***
	班級（Ref: 初中）				-.157***				-.114***
	宗教信仰（Ref: 無）					.111**	.085*		
	家庭月入	.096***	.107***	.109***	.132***	.064***	.060**	.050***	.059***
	家長教育程度			.048**	.067***	.038*	.040*	.050***	.061***
	調整後的R方（Adjusted R-Square）	.024	.017	.022	.036	.011	.009	.011	.025
南亞裔學生	性別（Ref: 男）								.385**
	班級（Ref: 初中）								
	宗教信仰（Ref: 無）			.789***		.773***	.712**	.522*	.595**
	家庭月入								
	家長教育程度								
	調整後的R方（Adjusted R-Square）			.078		.069	.052	.030	.066

註：只報告有顯著差異的結果；*p<0.05；**p<0.01；***p<0.001

學生的個人和家境因素對生活滿足感及學校參與感的影響（不同學生群體）（二）

		朋友	自我	家庭	居住環境	學校	情感意識	認知	行為
內地新來港學生	性別（Ref: 男）								.357***
	班級（Ref: 初中）		.249*						
	宗教信仰（Ref: 無）				.287*				
	家庭月入	.153**	.139*		.144*				
	家長教育程度	.138**			.124*				
	調整後的R方（Adjusted R-Square）	.052	.048		.035				.029
跨境學生	性別（Ref: 男）								
	班級（Ref: 初中）	.373**	.329**						
	宗教信仰（Ref: 無）								
	家庭月入								
	家長教育程度								
	調整後的R方（Adjusted R-Square）	.047	.044						

註：只報告有顯著差異的結果；*p<0.05；**p<0.01；***p<0.001

二、心靈健康

整體心靈健康

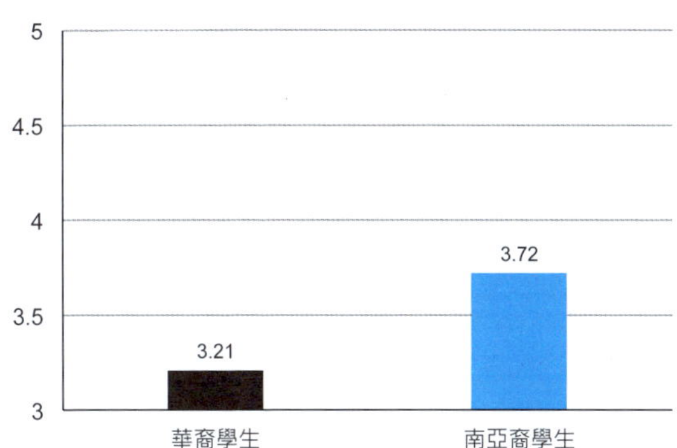

心靈健康——不同學生群體的整體評分

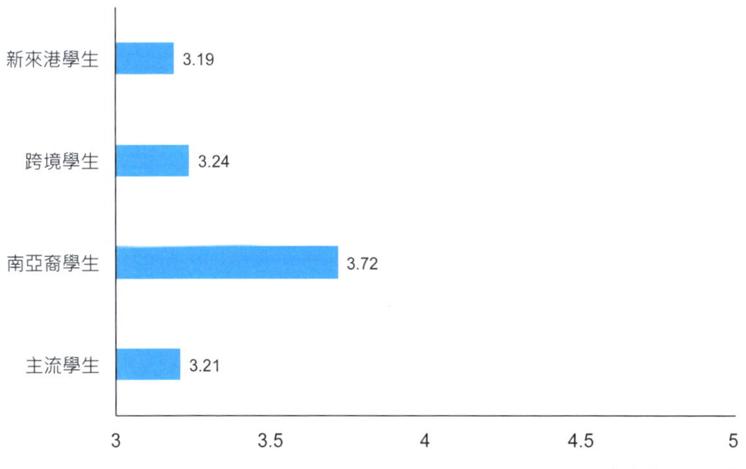

心靈健康 —— 中學生的評分

整體而言，有以下結果：

- 中學生（主流學生）側重個人及與社會的關係，忽視個人與神明的關係；
- 學生個人的理想心靈健康狀態與實際狀態有落差；
- 普遍對校方支援個人的心靈發展上與主觀期望存在差距。

心靈健康 —— 中學生的評分

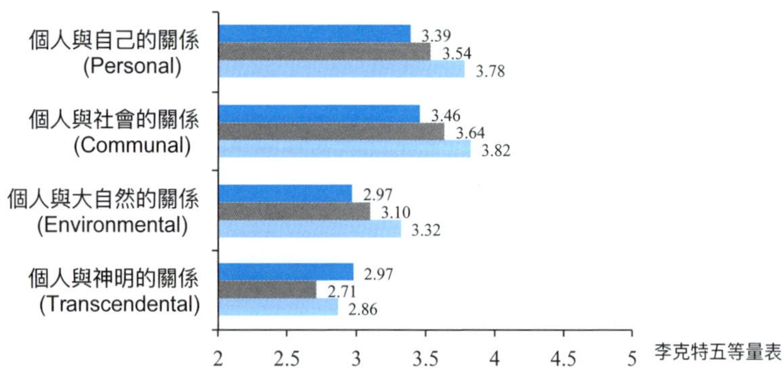

整體中學生（主流為多）在學校支援、個人經驗及個人理想狀態各範疇上的評分，在統計學上沒有顯著差異。

理想心靈狀態——華裔與南亞裔學生的評分

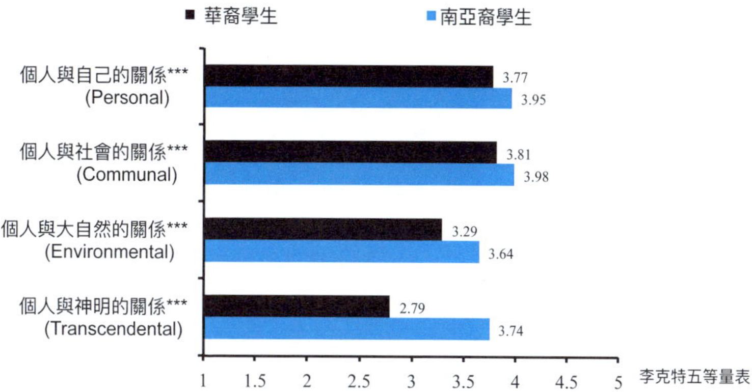

南亞裔學生對心靈健康各方面都較華裔學生重視，特別是對個人與神明關係遠高於華裔學生；*** 在統計學上有顯著差異。

理想心靈狀態——不同學生群體的評分

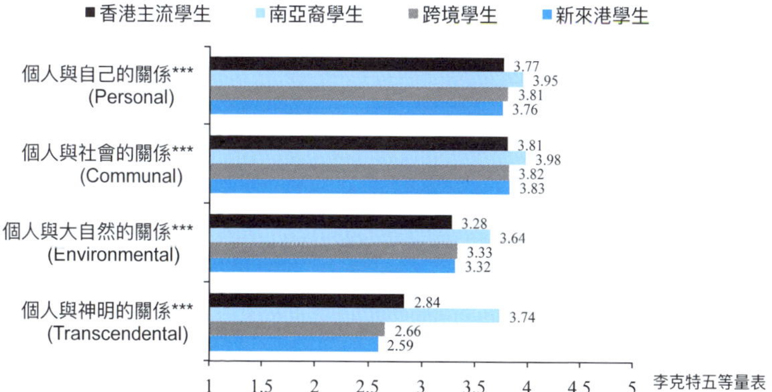

三組華裔學生群體對心靈健康的期望相近，除了在個人與神明關係上，香港主流學生較其他兩組學生群體略為關注；*** 在統計學上有顯著差異。

個人經驗層面——不同學生群體的評分（一）

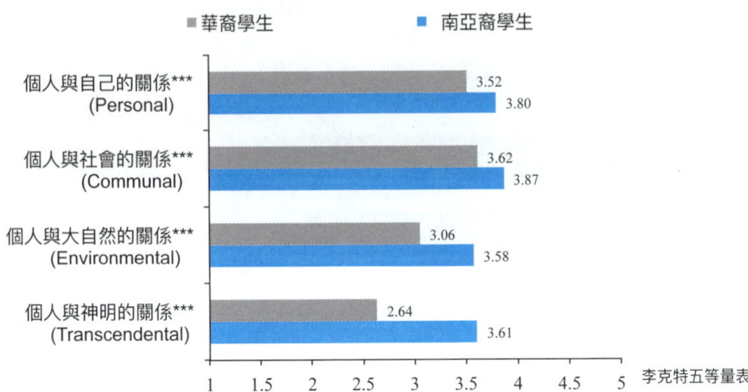

南亞裔學生的心靈健康評分高於所有華裔學生群體，特別在個人與神明的關係方面；*** 在統計學上有顯著差異。

個人經驗層面——不同學生群體的評分（二）

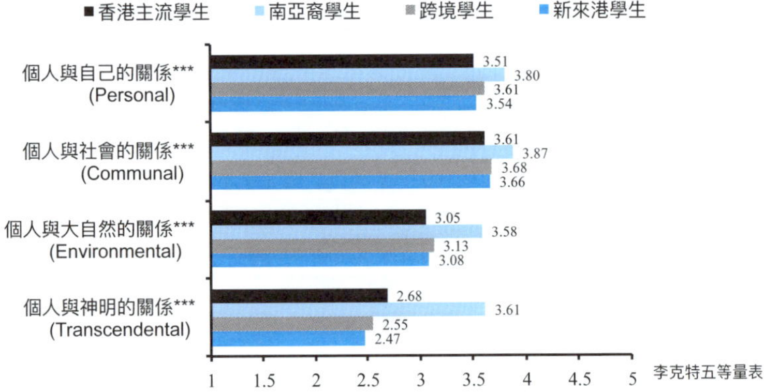

主流學生在個人與自己的關係中，評分較跨境學生低；在個人與社會的關係中，又較新來港學生低。相反，在個人與神明的關係上，略高於其他跨境及新來港學生。跨境學生與新來港學生在心靈健康的各範疇中的評分接近；*** 在統計學上有顯著差異。

學校支援層面 —— 華裔與南亞裔學生的評分

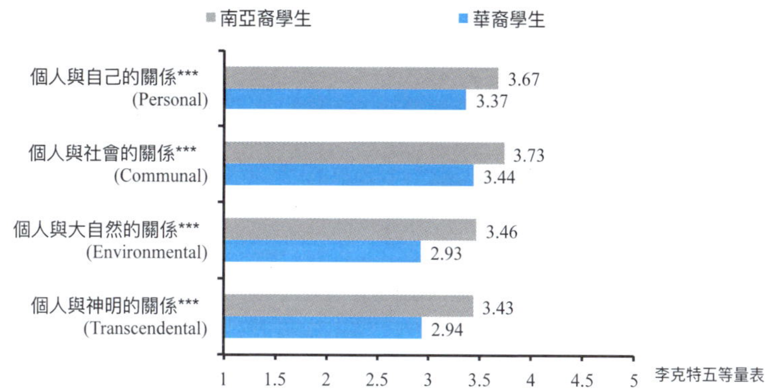

南亞裔學生對學校的支援評分在所有方面都較華裔學生為高；*** 在統計學上有顯著差異。

不同家境學生對整體靈性健康及學校參與

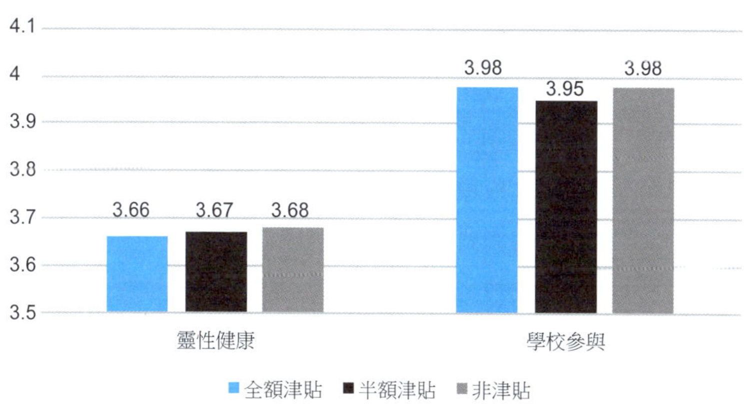

父母教育程度和收入，對學生的靈性健康評分在統計學上沒有顯著差異。

學校支援層面——不同學生群體的意見

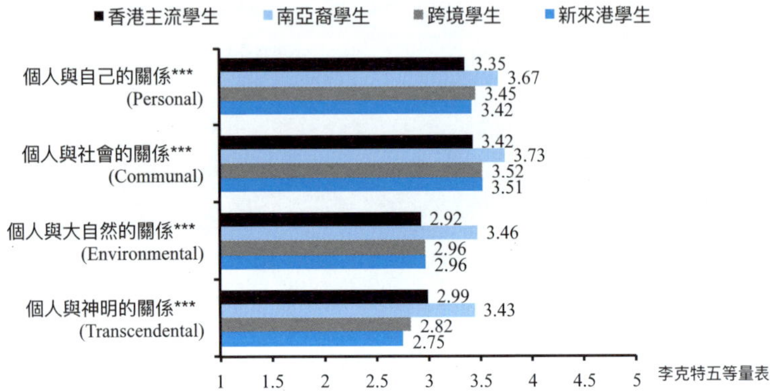

主流學生對學校支援的評分，較其他學生群體為低，尤其在個人與自己及個人與社會、大自然和神明的關係；*** 在統計學上有顯著差異。

心靈健康對生活滿足感的影響

		MSLSS				
		朋友	自我	家庭	居住環境	學校
主流學生						
SHALOM	個人與社會的關係	.322***	.215***	.135***	.100***	.301***
	個人與神明的關係	.045***	.071***	.097***	.159***	.129***
	個人與大自然的關係	-.022*	.027*		.126***	.073***
	個人與自己的關係	.128***	.226***	.276***	.187***	.135***
調整後的 R 平方 Adjusted R-square		.160	.188	.131	.166	.181

註：只報告有顯著差異的結果；*p<0.05；**p<0.01；***p<0.001

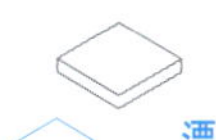

心靈健康對生活滿足感的影響（主流學生及南亞裔學生）

		MSLSS				
		朋友	自我	家庭	居住環境	學校
主流學生						
SHALOM	個人與社會的關係	.324***	.203***	.149***	.113***	.285***
	個人與神明的關係	.032***	.062***	.070***	.115***	.120***
	個人與大自然的關係		.030*		.136***	.066***
	個人與自己的關係	.114***	.225***	.264***	.185***	.154***
調整後的 R 平方 Adjusted R-square		.153	.176	.120	.156	.172
南亞裔學生						
SHALOM	個人與社會的關係	.347***	.191***	.196***		.248***
	個人與神明的關係		.071*		.172***	.213***
	個人與大自然的關係					.116
	個人與自己的關係	.177***	.310***	.285***	.266***	
調整後的 R 平方 Adjusted R-square		.196	.232	.202	.182	.264

註：只報告有顯著差異的結果；*p<0.05；**p<0.01；***p<0.001

心靈健康對生活滿足感的影響（跨境學生及內地新來港學生）

		MSLSS				
		朋友	自我	家庭	居住環境	學校
跨境學生						
SHALOM	個人與社會的關係	.251**	.193*			.416***
	個人與神明的關係					
	個人與大自然的關係				.162*	
	個人與自己的關係	.165*	.241**	.329***	.204*	
調整後的 R 平方 Adjusted R-square		.111	.178	.109	.120	.120
內地新來港學生						
SHALOM	個人與社會的關係	.340***	.289***	.113**	.097*	.326***
	個人與神明的關係	.043*	.086***	.101***	.205***	
	個人與大自然的關係				.143***	.112**
	個人與自己的關係	.151***	.199***	.309***	.168***	.109*
調整後的 R 平方 Adjusted R-square		.161	.194	.130	.156	.149

註：只報告有顯著差異的結果；*p<0.05；**p<0.01；***p<0.001

研究結果及討論

- 整體而言，學生對個人與自己及與社會的關係最為重視；
- 學生最忽視個人與神明的關係；
- 在所有範疇中，學生心靈健康的個人經驗未達到理想狀態；
- 學校支援學生與神明的關係，措施的效果未達到理想情況。

學生群體

- 南亞裔學生對個人與超自然關係遠較華人學生重視；
- 三組華人學生群體對心靈健康的期望相近，除了在個人與超自然關係上，香港主流學生較其他兩組關注；
- 南亞裔學生的心靈健康評分高於其他三類華人學生群體，特別在個人與超自然的關係方面，南亞裔學生遠高於華人學生；
- 香港主流學生在個人與自己的關係中，評分較跨境學生低。在個人與社會的關係中，亦較新來港學生低。相反，在個人與超自然的關係上，香港主流學生則較其他兩組華人學生群體較高；
- 跨境學生與新來港學生在心靈健康的各範疇中的評分接近。

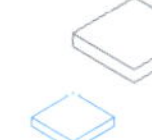

性別

- 女生在心靈健康的各範疇的期望都較男生高，特別在個人與社會的關係上；
- 在個人與自己以及個人與社會的關係中，女生的評分比男生高；
- 在個人與大自然的關係中，男生的評分則比女生高；
- 男女在個人與神明的關係的經驗沒有顯著差異。

學級

- 中四至中六學生對個人與自己、社會的關係兩個範疇的期望較中一至中三學生高；
- 高中學生較初中學生更少關注個人與神明的關係；
- 在個人與自己、與社會的關係兩個範疇上，不同年級學生的評分接近；
- 在個人與大自然、神明的關係中，中一至中三學生的評分高於中四至中六學生。

跨境學生與香港主流學生的生活滿足感的評分狀況

調查發現，跨境學生和香港主流學生在生活滿足感的評分相近，沒有明顯差異。

內地新來港學生與其他兩類華裔學生評分比較

內地新來港學生與其他兩類華裔中學生群體的評分有明顯差異。從圖表可以看出，五個生活滿足感範疇中，其他兩類華裔中學生群體評分相近，而內地新來港學生在「家庭」、「朋友」與「居住環境」範疇評分比其他兩類華裔中學生低。

南亞裔學生與內地新來港學生評分兩極化

是次研究發現，南亞裔學生在生活滿足感中獲得的評分均為最高，而內地新來港學生的評分最低，形成明顯的對比。國際文獻指出家境與學生的生活滿足感成正比關係，但是在香港，新來港學生與南亞裔學生的家境類似，其評分卻呈現兩極化，原因值得進一步探究。

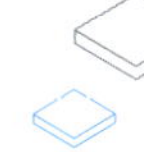

原因探究

傳統文化因素

其一是傳統文化影響其價值觀。南亞裔與華裔在人生態度和定義成功的理解上不同。後者通常着重對結果的追求，而南亞裔群體卻較能活在當下，易於尋找生活中的快樂。另一方面，華裔家長對子女成績、就業、前途等問題較為緊張。家長的期望無疑會為子女帶來壓力，這點可以從學生的交談中反映出來。

南亞裔的家庭多有伊斯蘭教背景，他們對性別平等的觀點與香港社會有所不同。南亞裔女生在家鄉較難獲得平等教育的機會。相反，香港為所有適齡學生提供強迫及免費教育。對南亞裔女生來說，在香港比在她們的原生地或家鄉，獲得更多受教育的機會，亦更能體驗男女平等的待遇，她們在整體生活的評分中展示出更高的滿足感。

社交網絡、家庭資源

其二是社交網絡和社會資源不同。家庭入息和家長教育程度是衡量社會經濟地位的指標。在香港，南亞裔家庭與新來港家庭均處於較低的社會經濟地位。但是，是次研究結果顯示，南亞裔學生對其生活遠較新來港學生滿意。

這是因為南亞族群擁有更強、更大的同族和親友圈子，單親家庭的情況也遠少於內地新來港家庭。較多兄弟姐妹和緊密的親子關係，增強了南亞裔學生成長階段的抗逆能力。同時，南亞裔家庭往往擁有家族生意，若子女無法理想地完成學業，亦可以選擇為家族生意工作，出路較有保障，就業壓力較小。可是，新來港家庭往往無廣泛的社交網絡或充足的社會資源，難以向上流動，在面對公開試、升學就業等問題時，學生只能單打獨鬥。而且，他們需依靠學業成果，才能確保較佳的升學及就業機會，因此他們所面對的學習壓力較其他群體為大。

政府應反思現今的中學教育是否過於側重學術上的追求。每個學生都有不同的才能，在公平的原則之下，政府有責任讓每一個學生都能有機會發展所長。過分專注於學術上的成就，讓部分非學術型人才得不到適切的培訓，這亦算是在制度上對他們的歧視。另一方面，培育不同類型的人才有助社會可持續的和平衡地發展。因此，政府應考慮以教育多元化為目標，在教育內容及公開試的形式上提供多元性的選擇，以啟發學生的個人潛能。

宗教信仰

三是宗教信仰影響心靈健康。數據顯示，超過八成（87.6%）南亞族裔擁有宗教信仰，而七成（75.2%）新來港人士則沒有任何宗教背景。國際研究指出宗教信仰有助提升人的抗逆能力，以維持

心靈上的健康狀況。宗教信仰影響學生的人生觀、價值觀。南亞裔學生在信仰中能了解其人生的價值與意義，這有助他們在遇到困難或挫折時，能獲得心靈的支持，更有動力面對逆境。宗教亦能發揮其功能性支援：它集合了一群有共同信仰背景的人，一方面提供了一個交友及傾訴的環境，讓信徒們互相鼓勵，能在心理上得到釋放，以保持健康的心靈狀態。另一方面，他集中了一些社會資源，有助學生在面對困難時尋求適切的幫助。

綜上而論，雖然新來港學生與南亞裔學生的家境類似，但其不同的文化背景與社交網絡，對兩類學生的滿足感有深遠的影響。文化背景與社交網絡是重要的社會資源，南亞裔學生可以從其宗教信仰和家庭社交網絡中得到支援，有利於學生面對逆境；而新來港學生對此類社會資源缺乏，不利於其抗逆能力的發展。

新來港學生家庭生活影響學生滿足感

家庭生活，包括收入，居住環境等對學生滿足感有一定影響，解決新來港學生的問題，要首先考慮解決其家庭問題。新來港學生家庭由於搬遷頻繁，社交網絡較少，無穩定收入，更有不少是單親家庭，這樣的家庭氛圍不利於新來港學生對抗逆境，反而給予了他們更大的求學壓力。再者，香港的生活環境往往比內地擠迫，加上父母親的關係因為期望落差，價值觀不同和生活壓力的因素而導致緊張，引致子女一連串的適應和情緒問題。

政府對新來港學生的家庭支援可由被動支援轉為主動支援，例如透過社工主動接觸新來港家庭，向新來港人士解釋政府支援政策。

南亞裔學生所需的支援

從圖表中不難看出，在生活滿足感，或心靈健康方面，南亞裔學生得分均高於華裔學生。但我們了解到，南亞裔學生在融入香港主流社會的過程中，困難重重，例如南亞裔學生家庭普遍收入偏低，而他們語言、文化的差異亦妨礙了南亞裔學生和家庭融入香港主流社會。

南亞裔學生的愉快心境原因很多：包括香港社會的男女平等、親密的同族關係、虔誠的宗教信仰生活。提高南亞裔學生在學業中得到滿足感，則會加強他們的上流動力，鼓勵他們珍惜學習機會，特別是大部分的南亞女生，教育可助她們突破重男輕女的不公平傳統。

同時，現在就業市場對南亞裔求職者仍有歧視現象，導致南亞裔學生就業困難。若此現象持續，南亞裔學生生活快樂，心靈健康的情況在完成學業後可能無法持續。這可從南亞裔人士犯罪的新聞中反映出來。

政府應努力減少南亞裔學生融入主流社會的障礙，提高南亞裔學生的入學率。政府可考慮提供更多資源，如財政支援，組織語言

水平提高課程等。當然，要提升學習中文的動機，教學策略和評核機制是不可少的，而中文科教師教育是其中一項很重要的專業發展配套和重點項目之一！

探究不同族裔生活的需要

社會需要關懷南亞裔成績優異的女生。例如南亞社區對女性的傳統觀念是女性應早婚，在家相夫教子；而新一代南亞裔青年女性也對個人事業有期盼，特別是教育程度達高中或以上的女性，勉強她們複製母親的命運，不單埋沒了她們的潛質，也會導致家庭衝突，這並不是乎合整體個人和社會的發展。

男女差異

男女學生在生活滿足感和心靈健康上的要求是不一樣的。研究顯示，女生比男生擁有更強的生活滿足感。傳統華人思想無形影響着華裔男生。在香港，看似男女平等，但傳統的「男性負責養家餬口」的思想仍根深蒂固，這對男生造成無形的壓力。當學業退步時，男同學的挫敗感會帶給他們更大的生活壓力。

從南亞裔男女生的調查可以發現，現在香港的教育制度充分體現了性別平等的理想。相對其家鄉而言，南亞裔女生在香港的教育系統中得到更公平的對待，因此更加快樂。男生天性較活潑好動，語言、文字能力較弱，在該教育制度下應付中學學業時，沒有女生的優勢，故此女生在學業上更容易獲得成功感及滿足感。因此，教學模式要因應不同的性別而做出調適。

華人主導的香港社會對學習成績過分迷信，狹窄地從學生的學業成績、課堂表現評估學生成就。這樣的評估對男生不利，導致其經常面對挫敗。香港社會應男女平等，男女共榮，兩者前途均得到發展，不能以一者的發展而打壓另一者的發展。

此外，我們的數據反映了無論是華裔或非華裔的女生，都比男生更關注靈性健康的需要，在信仰生活和宗教活動更多投入和參與，她們整體的生活滿足感也較高，可見靈性健康與滿足感關係密切，可為增加抗逆力提供一定的支持。

低年級與高年級的差異

研究指出，低年級學生比高年級學生對生活更感滿足，主要是由於高年級學生要面對人生、事業、感情生活及成績等多重壓力。

低年級南亞裔女生在所有學生中自評分數最高

高年級，無宗教背景華裔男生既無宗教支援心靈，家庭亦對其支援較少，但他們要面對人生、事業、感情、成績等方面的壓力，「男性要為家庭爭光」的傳統思想，亦給他們帶來各方面的壓力。為這類青少年提供輔導工作更具挑戰性，也更困難。

政府支援模式應從補救模式轉為資源模式

現時政府對非華語的中文學習支援偏向補救模式，集中於課後支援措施，例如課後中文支援班、暑期銜接課程、成立支援中心等，以支援非華語學生課後中文學習。但對於收取較少非華語學生的中學來説，課後課時不足及分散，而且沒有課後師資要求，故政府應繼續致力發展在 2014/15 年開展的「中小學中國語文課程第二語言學習架構」，撥動資源於課程設置調適、師資培訓及升學架構，以致社會人力招募上，提升非華語學生的向上流動機會。

以少數群體的角度看香港主流學生

從研究可看出，香港本地的主流學生的生活滿足感與心靈健康的情況並不一定處於優越的地位。在給少數群體提供支援的同時，我們不能忽視香港主流學生的生活滿足感與心靈健康情況。隨着香港主流學生與少數群體教育差距收窄，他們的本土優越感亦隨之下降。政府在給予少數群體支援的同時，亦不能忽視照顧香港主流學生的整體發展及學習需要。

總結

中學生的心靈狀況與個人整體生活滿足感有明顯的關係，而宗教信仰則直接影響中學生對個人生活的滿足感。

- 華裔學生群體在心靈健康（平均 3.21 分）和生活滿足感（平均 4.32 分）兩方面均低於南亞裔學生（平均 3.72 分及平均 4.74 分）。
- 本港主流學生的心靈健康評分（平均 3.21 分）和生活滿足感（平均 4.34 分）與跨境學生的評分接近（平均 3.24 分及平均 4.36 分），又僅僅高於新來港學生的評分（平均 3.19 分及平均 4.24 分）。
- 南亞裔學生與華裔學生相比，特別關注個人與神明的關係上（平均 3.61 分 vs 平均 2.64 分）。

良好的心靈健康（個人與社會關係範疇）直接提升所有學生群體對自我、朋友及學校的滿足感，更能提升主流及內地新來港學生對家庭和居住環境的滿足感。

家長的教育程度和收入對整體受訪者的主觀生活滿足感和心靈健康同樣有很大的關係；其中對本港主流學生的影響較為明顯。然而，主觀性的心靈健康卻與家長的教育和入息沒明顯的關係，特別是對南亞裔學生。

政策建議

中學生對學業失去信心，找不到成功感和滿足感，反而增加了違規行為，精神健康欠佳的問題也日趨嚴重。本研究成果加深我們對成因的了解。由於香港學校教育長期側重操練學生應付考試，忽視全人發展和心靈教育，價值觀向成績傾斜，對於缺乏家庭支持、又或是新移民、又或不適應傳統教育模式的青少年，極之不公平。因失敗挫折而產生不同程度的精神及心靈問題。迷惘、逃避、以致違規、輕生等問題，反映了學生心靈貧乏，更突顯他們人際關係的破損和自我放棄的情況關係密切；若不正視，後果嚴重。

南亞裔中學生比起大部分華裔中學生，相對地關注家庭生活和同族的社交網絡，恆常參與宗教活動；而且，其家境（父母的教育程度和入息）也優勝於內地新來港學生。反之，華裔學生偏重個人成績，對心靈或宗教活動興趣不大，不少來自單親家庭，特別是內地新來港學生（父母教育水平最低和家境最貧窮），他們的心靈及精神健康都正面臨嚴重的威脅。另外，他們的社會支援系統極薄弱，必須進一步作針對性的政策評估，儘早回應他們的需要。預防勝於治療，本研究成果更進一步指出找尋生命真義、社群正向互動、品格教育和有效人與環境互聯的重要性。

心靈教育及生命 / 價值教育是全人發展的支柱，應被納入必修課程之中，藉此提升學生個人對生命真義的關注。再進一步，教育工作者有責任擴闊視野，群策群力，結合衞生署、教育局及社會福利署不同持分者的專業知識，為下一代注入正確的價值觀，教導他們熱愛生命、珍惜自己身體、重建健康的人際關係，培養整全的品格及對自己對社會有承擔。

三、靈性健康

根據我們在 2013-2015 年所得的研究成果，靈性健康對青少年的主觀幸福感起了積極的作用。同時又發現本土、跨境和內地新來港的華裔青少年對靈性需要的認識很有限，而他們的南亞裔同儕卻很重視宗教信仰。各族群的滿足感又以南亞裔為高，為了進一步探究靈性健康對他們在學業及社會參與方面的影響，我們開展了「福祉與共同成功：香港主流及非主流學生的學校及社會參與模式」的研究計劃，為期三年（1/2015-12/2017）。本文的數據於 4/2015-3/2016 年間以問卷於本港三十間中學收集，共一萬四千多名中學生樣本，其中本港主流中學生佔 80%，內地新來港學生佔 15%，跨境學生佔 5%。

在問卷中，靈性健康包含了靈性（如遇上困難時我會祈禱）、身理（如三餐飲食定時定量）、心理（如內心平安）和社交（如主動約朋友見面）等四個層面的自評，是個人整全健康的核心。學校參與範疇包括父母、師長及朋友對自己在學習上的關懷及支援情況（如談論學校生活、關心我的將來出路）以及個人的努力（如課堂專注和整體投入程度）等。社會參與則包括公民知識（如明白「一國兩制」的內容）、公民態度（如尊重他人權利和接納不同的意見）、實地參與（如參加義工服務和遊行集會等）、網絡參與（如在社交網絡上討論政治或社會議題）及對良好公民的概念（如愛護家人和關心鄰舍）。

靈性健康（spiritual health）自評：包括身理、心理、價值和社交等方面。具體情況如：很容易原諒別人、感到幸福和滿足、我的人生有意義、我和上主／神明有親密的個人關係、勇於嘗試、主動約朋友見面等。

學校參與自評：包括父母關懷（如談論學校生活、關心出路）、師長（如鼓勵參與課外活動、解決功課困難）及朋友對自己在學習上的關懷及支持和個人的努力（如：預習時間、課堂專注和整體投入程度、課業表現和考試成績的表現等）。

社會／公民參與自評：包括公民知識（如一國兩制、政治架構）；公民態度（如尊重他人權利、維護社會公義）、參與模式（如義工服務、遊行集會、社交網絡討論）及對良好公民的概念（如奉公守法和投票）

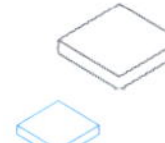

參與的學生群體的人數、年級及宗教背景

		香港主流學生	南亞裔學生	跨境學生	新來港學生
性別	男生	5073 (47%)	629 (58%)	304 (49%)	1209 (52%)
	女生	5769 (53%)	453 (42%)	312 (51%)	1096 (48%)
年級	中一至中三	5208 (48%)	671 (62%)	387 (64%)	1292 (56%)
	中四至中六	5722 (52%)	415 (38%)	232 (36%)	1034 (44%)
宗教信仰	有	3584 (34%)	923 (88%)	136 (23%)	565 (25%)
	無	7112 (66%)	131 (12%)	464 (77%)	1710 (75%)

註：所有遺失值（missing values）並不計算在內。

學生群體的樣本分佈

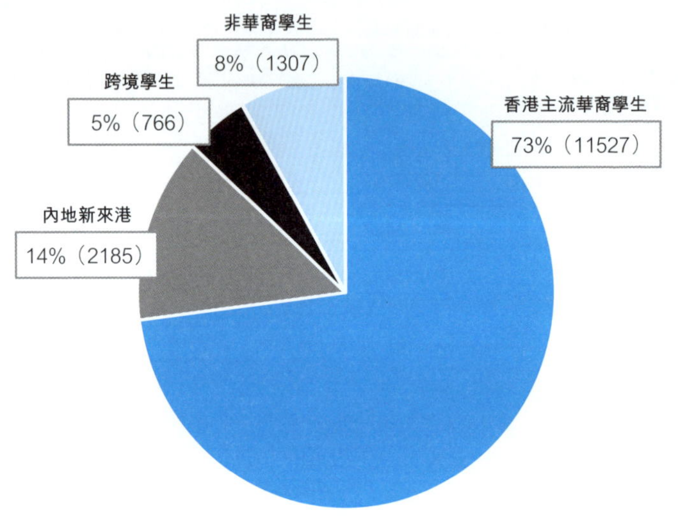

學生群體之家庭背景

研究樣本：參與學校：30 間中學；學生問卷：14,173 份；問卷回收有效率：90%

			南亞裔學生	跨境學生	新來港學生
家長教育程度	小學	702（7%）	58（6%）	31（5%）	180（8%）
	初中	2514（24%）	112（11%）	121（21%）	893（40%）
	高中	5179（50%）	346（34%）	273（48%）	881（39%）
	專上教育	676（7%）	170（17%）	55（10%）	105（5%）
	大學	1314（13%）	344（34%）	93（16 %）	175（8%）
家庭入息狀況 HKD	6000或以下	579（6%）	75（8%）	79（16%）	199（10%）
	6000 - 12000	2400（25%）	307（32%）	153（30%）	858（41 %）
	12000 - 20000	3089（33%）	286（30%）	139（27%）	695（33%）
	20000 或以上	3445（36%）	298（31%）	139（27%）	328（16%）

		總共	主流	新來港	跨境
性別	男生	55%	56%	53%	52%
	女生	45%	44%	47%	48%
年級	初中	52%	52%	50%	69%
	高中	48%	48%	50%	31%
宗教信仰	無宗教信仰	69%	67%	76%	76%
	有宗教信仰	31%	33%	24%	24%
家庭背景	全額書簿津貼	25%	23%	37%	26%
	半額書簿津貼	17%	18%	15%	10%
	非津貼	58%	59%	48%	64%

註：所有遺失值（missing values）並不計算在內。

問卷內容

- 學生背景資料：年級、出生地點、父母教育程度等。
- 靈性健康（spiritual health）自評：包括靈性、生理、心理和社交等層面 。
    - 靈性層面：如參與宗教活動、遇上困難時我會祈禱；
    - 生理層面：如睡眠充足、飲食定時定量；
    - 心理層面：如有衝勁有目標、整體生活開心與否；
    - 社交層面：如很容易原諒他人、主動約朋友見面等。
- 學校參與自評：包括父母關懷、朋輩支持、師長關愛、個人努力四個層面。
    - 父母關懷：如談論學校生活、父母教我做功課 / 安排補習；
    - 朋輩支持：如當我需要時支持我、關心我的感受、信任我；
    - 師長關愛：如鼓勵參與課外活動、幫我解決功課困難；
    - 個人努力：如常常參與課堂活動、測驗考試前我一定努力溫習。

華裔學生對整體靈性健康及學校參與的評分

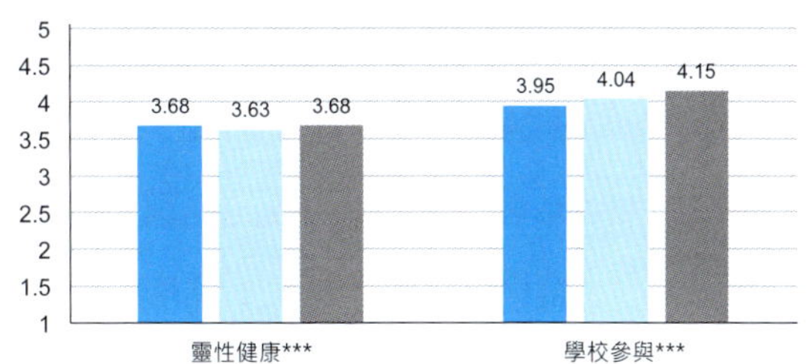

*** 結果在統計學上有顯著的差異。

宗教信仰學生對靈性健康及學校參與的評分

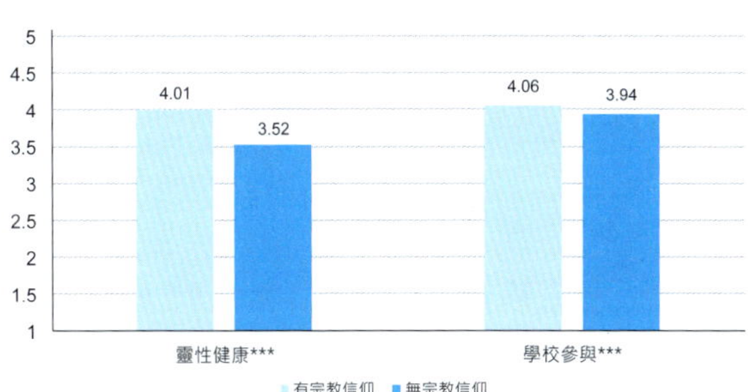

參照組別：有宗教信仰學生：d=-0.64；d=-0.14

*** 結果在統計學上有顯著的差異。

男女生對整體靈性健康及學校參與的評分

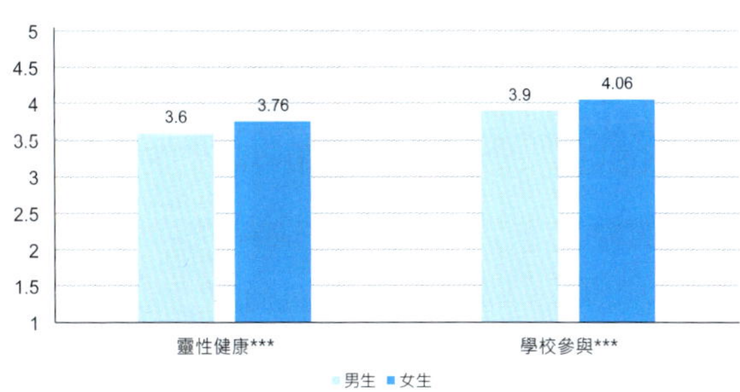

參照組別：女學生：d=-0.20；d=-0.21

*** 結果在統計學上有顯著的差異。

初、高中學生對整體靈性健康及學校參與的評分

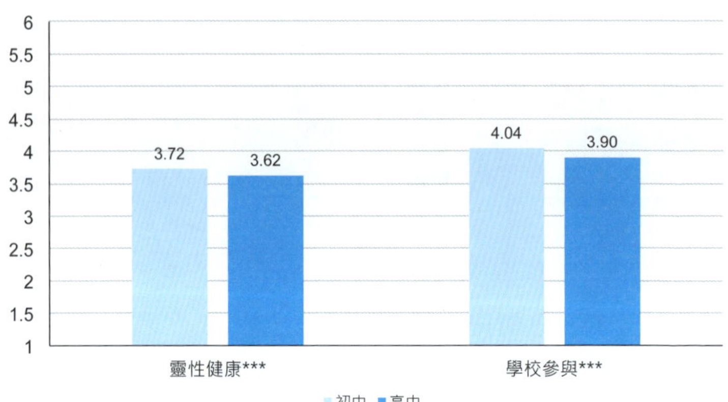

參照組別：初中學生：d=-0.14；d=-0.18；*** 結果在統計學上有顯著的差異。

不同家境學生對靈性健康及學校參與的評分

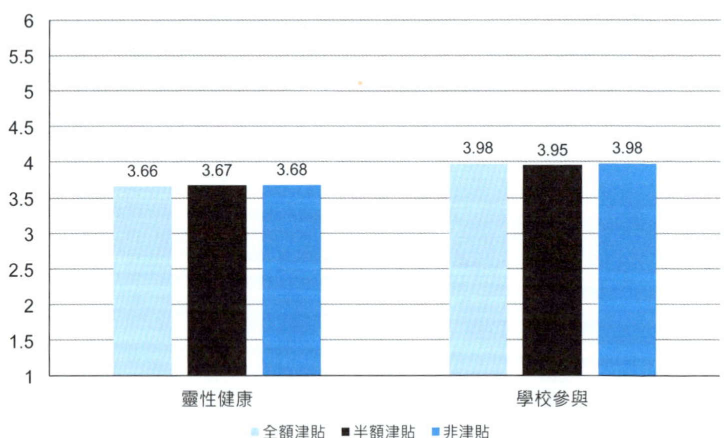

範疇一：靈性參與及各層面

宗教信仰學生對靈性健康的不同範疇的評分

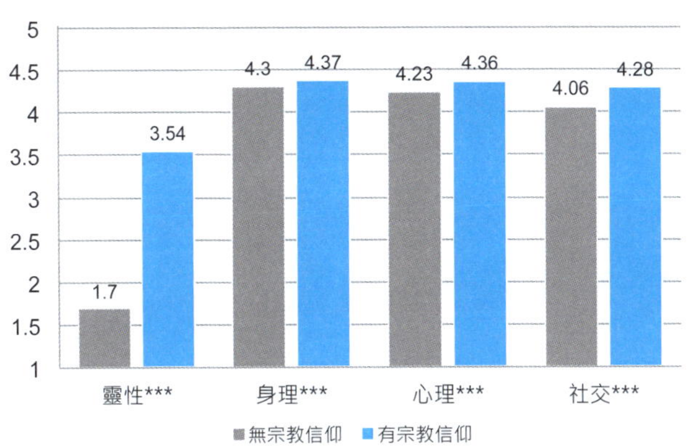

參照組別：有宗教信仰學生；d=-1.44；d=-0.09；d=-0.07；d=-0.14；*** 結果在統計學上有顯著的差異。

學生群體對靈性健康的不同範疇的評分

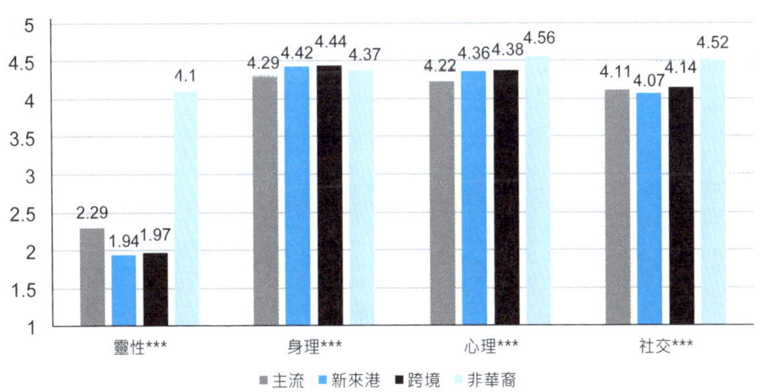

*** 結果在統計學上有顯著的差異。

男女學生對靈性健康的評分

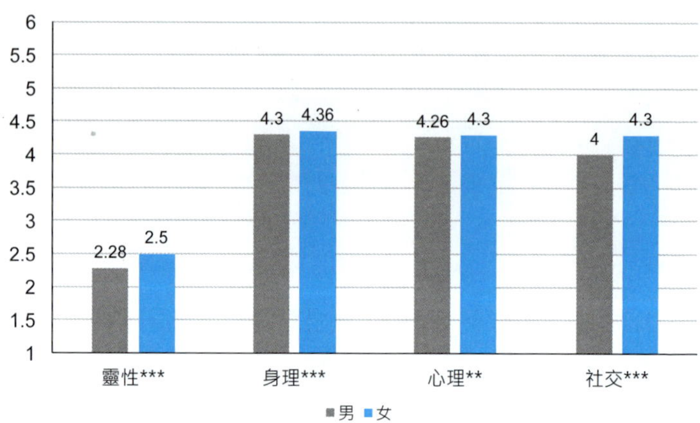

參照組別：女學生：d=-0.19；d=-0.00；d=-0.04；d=-0.32；**/*** 結果在統計學上有顯著的差異，後者比前者的差異更顯著。

初高中學生對靈性健康的評分

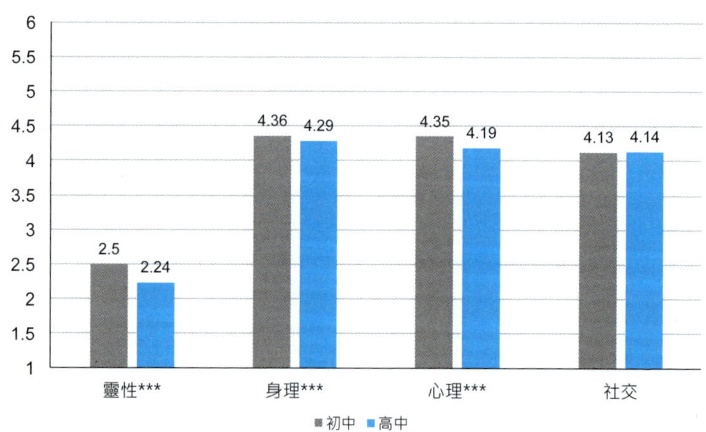

參照組別：初中學生：d=-0.16；d=-0.08；d=-0.16；d=-0.03；*** 結果在統計學上有顯著的差異。

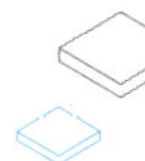

不同家境學生對靈性健康的評分

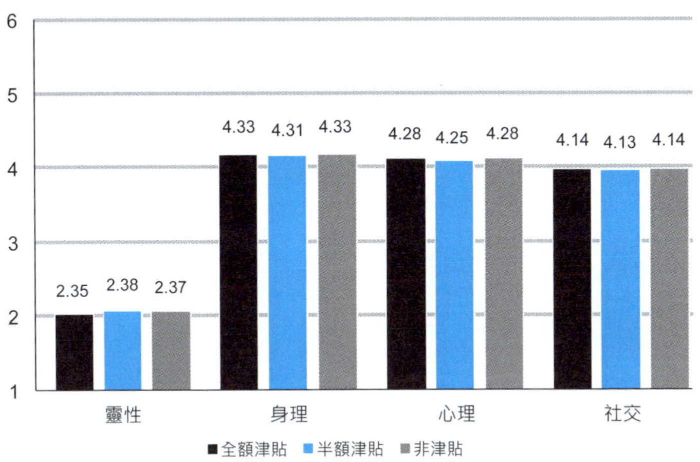

範疇二：學校参與及各層面

有無宗教信仰學生對學校参與的各範疇評分

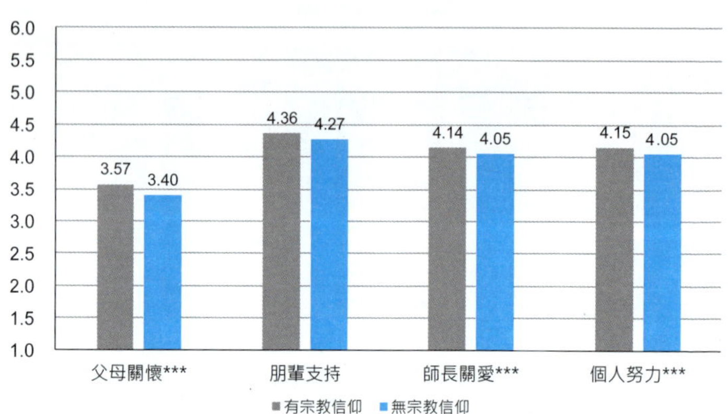

參照組別：有宗教信仰學生：d=-0.17；d=-0.08；d=-0.08；d=-0.12；*** 結果在統計學上有顯著的差異。

男女學生對學校参與的各範疇評分

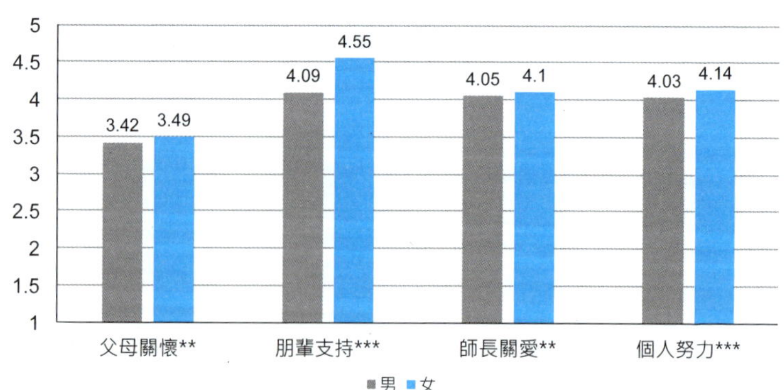

參照組別：女學生：d=-0.06；d=-0.41；d=-0.04；d=-0.13；**/*** 結果在統計學上有顯著的差異，後者比前者的差異更顯著。

不同學生群體對中英數成績的評分

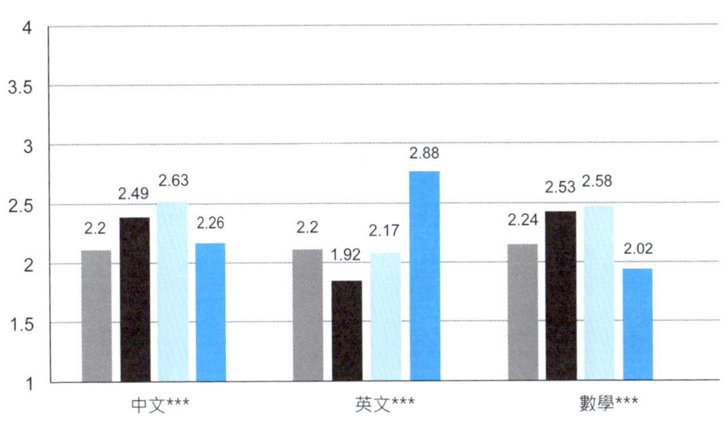

*** 結果在統計學上有顯著的差異。

有無宗教信仰學生對中、英、數成績的評分

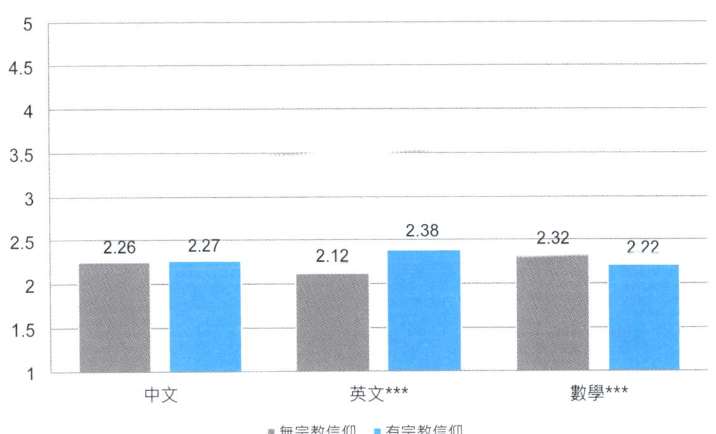

參照組別：有宗教信仰學生：d=-0.00；d=-0.13；d=-0.04；*** 結果在統計學上有顯著的差異。

不同家境學生對中英數成績的評分

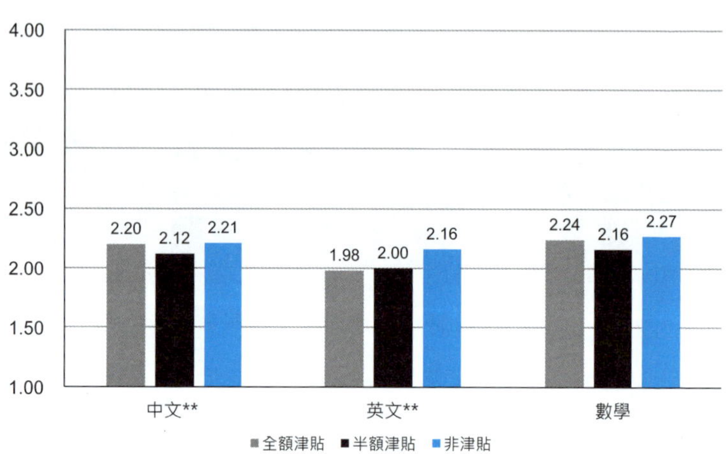

** 結果在統計學上有顯著的差異。

男女學生對中、英、數成績的評分

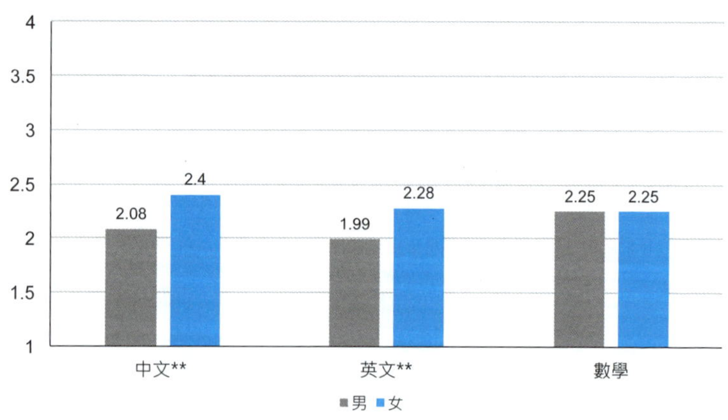

參照組別：女學生：d=-0.30；d=-0.30；d=-0.02；** 結果在統計學上有顯著的差異。

初、高中學生對中、英、數成績的評分

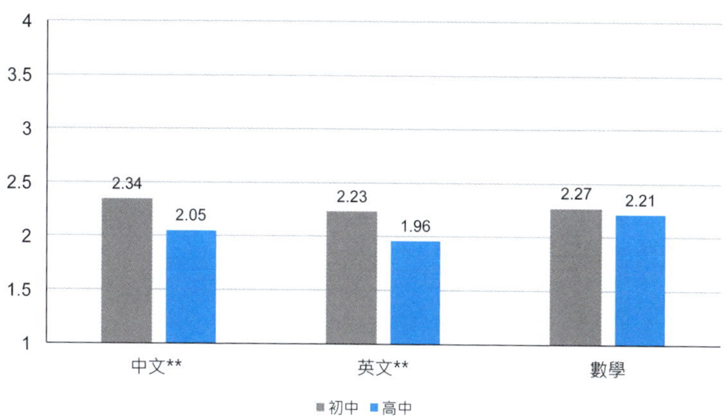

參照組別：初中學生：d=-0.32；d=-0.21；d=-0.13；** 結果在統計學上有顯著的差異。

學生對學校參與的各範疇自評 —— 初高中學生之別

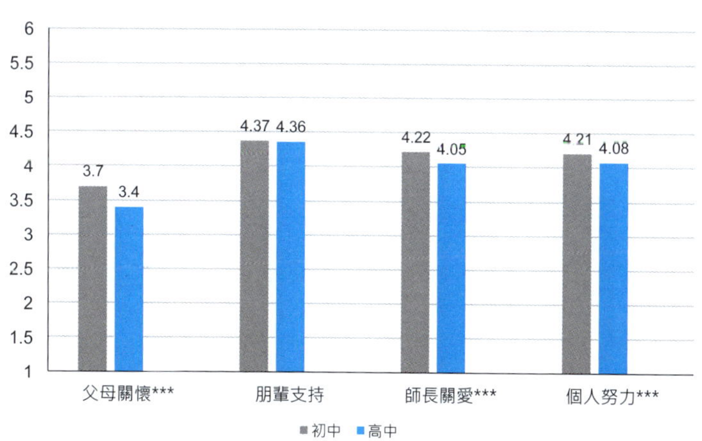

參照組別：初中學生：d=-0.28；d=-0.01；d=-0.13；d=-0.14；*** 結果在統計學上有顯著的差異。

學生對學校參與的各範疇評分——不同家境學生之別

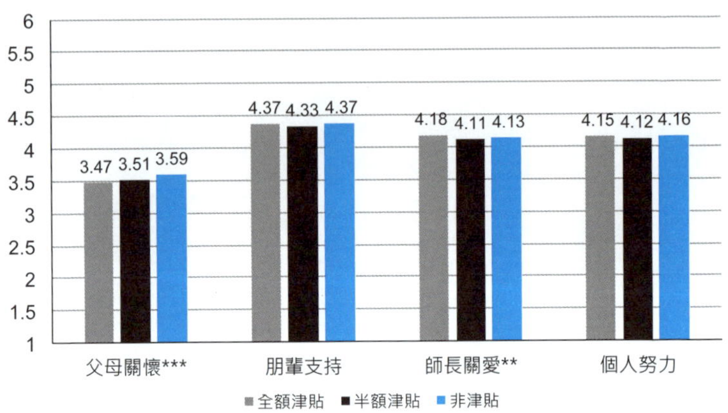

/* 結果在統計學上有顯著的差異，後者比前者的差異更顯著。

學生對學校參與的各範疇評分——不同學生群體之別

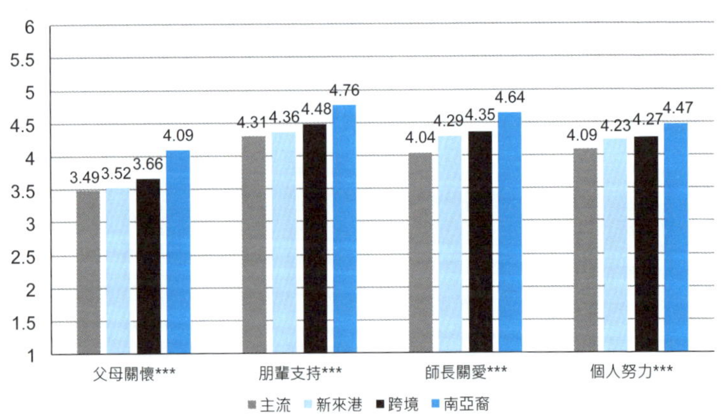

*** 結果在統計學上有顯著的差異。

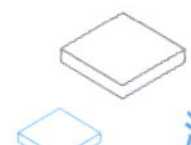

學生對父母關懷的評分 —— 不同學生群體之別

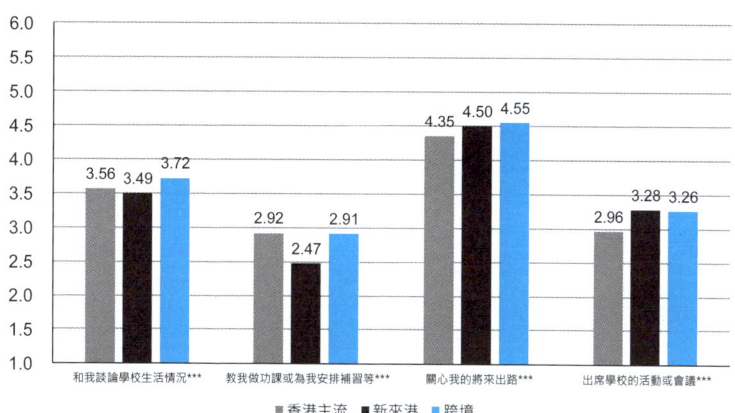

*** 結果在統計學上有顯著的差異。

學生對朋輩支持的評分 —— 不同學生群體之別

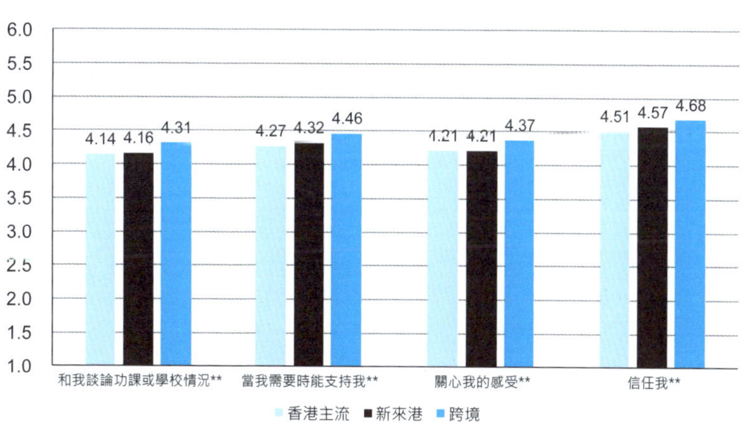

** 結果在統計學上有顯著的差異。

學生對師長關愛的評分——不同學生群體之別

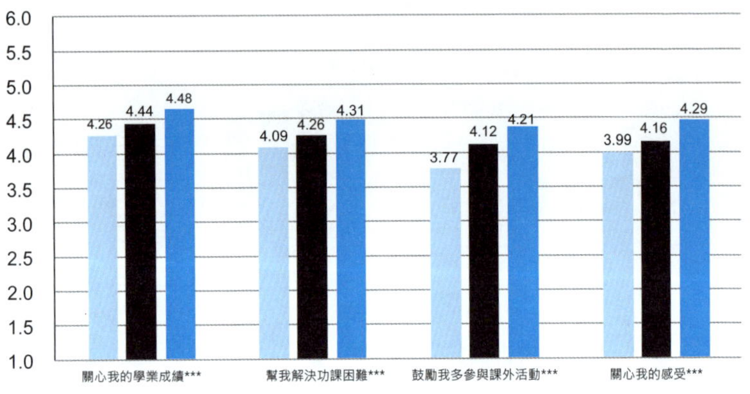

*** 結果在統計學上有顯著的差異。

不同學生群體對個人努力的評分

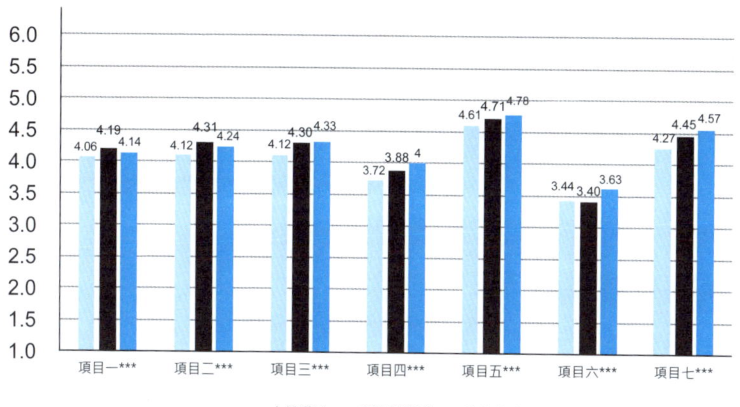

*** 結果在統計學上有顯著的差異。

註：

項目一：我常常參與課堂活動；

項目二：測驗考試前我一定努力溫習；

項目三：我很多時候明白上課內容；

項目四：我常常為同學解決學習問題；

項目五：我可以更努力去取得更好的成績；

項目六：我很滿意自己大部分科目的成績；

項目七：我有信心提升自己的學業成績。

範疇三：靈性健康評分

學生對個人努力的評分——不同學生群體之別

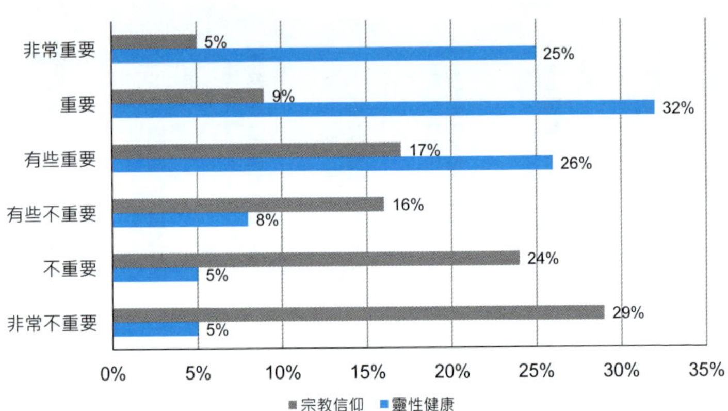

學生對靈性健康和宗教信仰的評價

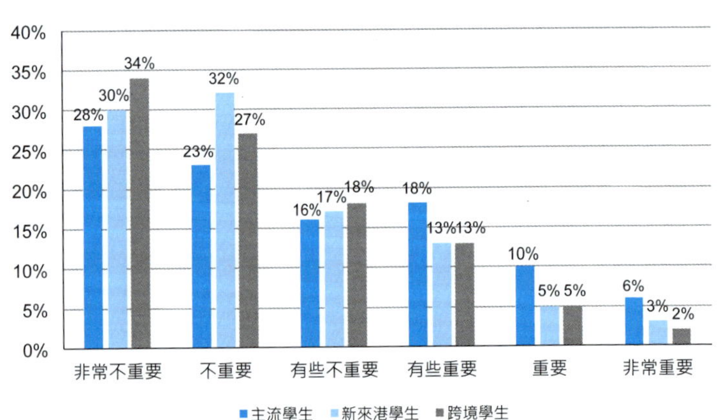

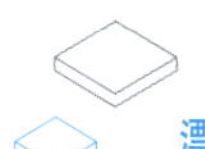

華裔學生群體對靈性健康的評價

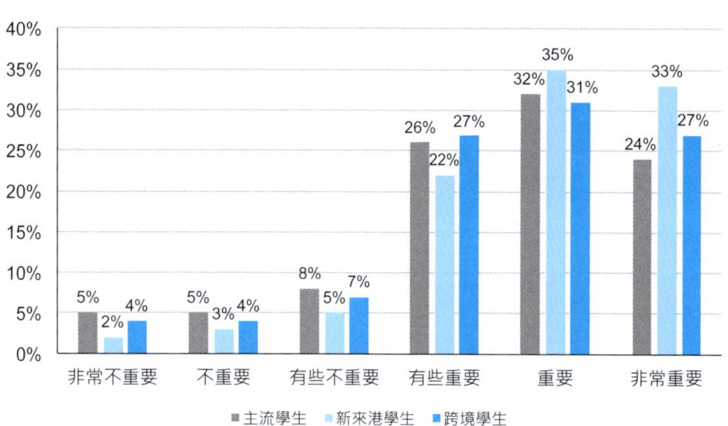

不同組別學生對前途的期望

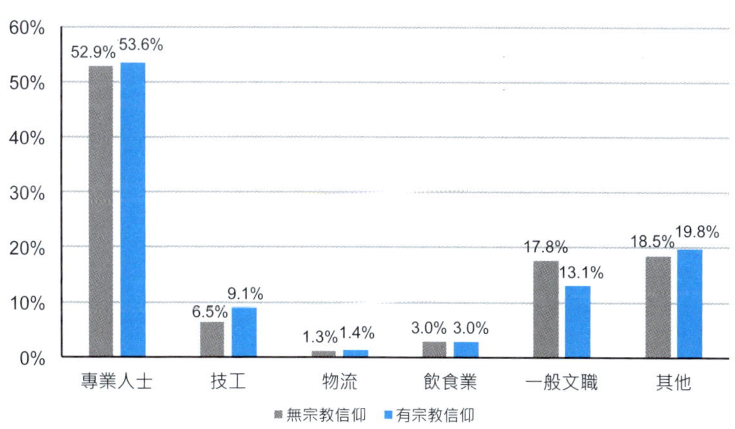

其他：例如歌手、藝人、政府公務員、商人、老師、設計師等。

發現

研究顯示，靈性健康（spiritual health）直接鼓勵了學生參與學校生活（school engagement）（迴歸系數 coefficient 0.872）和間接而顯著地影響社會 / 公民的參與（societal / civic engagement）（迴歸系數 coefficient 0.653）。

有宗教信仰的學生在靈性健康（平均4.01分vs平均3.52分）、學校參與（平均4.06分vs平均3.94分）和社會參與（平均3.79分vs平均3.61分）的自評均高於沒有宗教信仰的學生。

女生在靈性健康和學校參與範疇上的自評平均分明顯地高於男生，有宗教背景的女生同樣是在兩個範疇中高於有宗教背景的男生。

男女生對靈性健康、學校參與、社會 / 公民參與的評分

	沒有宗教信仰		有宗教信仰	
	男生	女生	男生	女生
靈性健康	3.46	3.60	3.94	4.10
學校參與	3.86	4.04	3.99	4.13
社會 / 公民參與	3.59	3.63	3.79	3.78

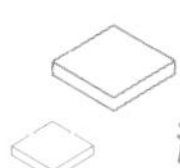

此研究名為「福祉與共同成功：香港主流及非主流學生的學校及社會參與模式」，由香港研究資助局優配金支持，並由當時任香港教育大學教育政策與領導學系副教授兼副系主任袁月梅博士及其團隊開展，為期三年（1/2015-12/2017），是次發表數據屬中期成果，於 4/2015- 3/2016 年間進行。是次研究以問卷收集了 30 間中學，共一萬四千多名中學生樣本，其中本港主流中學生佔 80%，內地新來港學生佔 15%，跨境學生佔 5%。

在問卷中，靈性健康包含了靈性（如遇上困難時我會祈禱）、身理（如三餐飲食定時定量）、心理（如內心平安）和社交（如主動約朋友見面）等四個層面的評分，是個人整全健康的核心。學校參與範疇包括父母、師長及朋友對自己在學習上的關懷及支援情況（談論學校生活、關心我的將來出路）以及個人的努力（如課堂專注和整體投入程度）等。社會參與則包括公民知識（如明白「一國兩制」的內容）、公民態度（如尊重他人權利和接納不同的意見）、實地參與（如參加義工服務和遊行集會等）、網絡參與（如在社交網絡上討論政治或社會議題）及對良好公民的概念（如愛護家人和關心鄰舍）。

發現

研究顯示，三組華裔學生在靈性健康範疇在統計學上沒有顯著的差異，但意外的是主流學生在學校參與整體上的自評（平均 3.95 分），顯著低於新來港學生（平均 4.04 分）和跨境學生（平均 4.15 分）。

不同學生群體在整體範疇的評分——靈性健康及學校參與

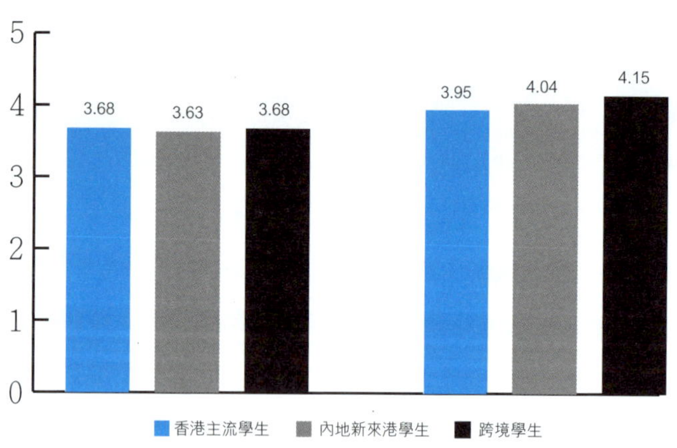

值得注意的是，雖然三組學生群體在靈性健康的整體在統計學上沒有明顯的差異，但是在其各層面的評分均呈現顯著的差異（除社交層面外）。例如：主流華裔學生在靈性層面最高分，但在身理和心理層面卻是低於新來港和跨境學生。

學生對靈性健康的評分 —— 不同學生群組之別

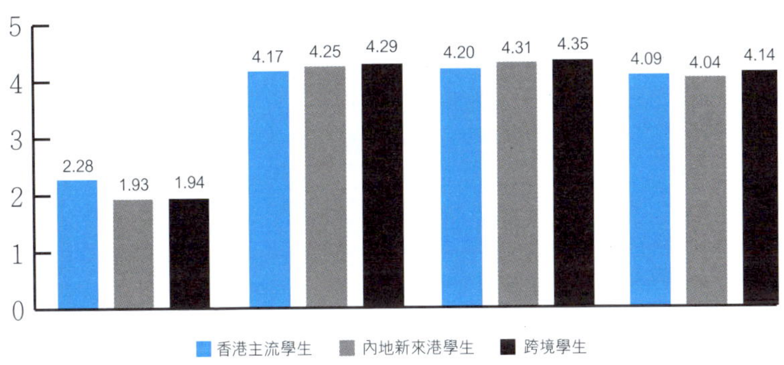

在學校參與範疇中，主流學生對父母關懷、師長關懷及朋友支持及個人努力等層面的評分亦顯著低於跨境學生，除了在父母關懷層面與新來港學生沒有分別外，其他都同樣低於他們，這真是令人感到意外和憂慮。

學生對學校參與的評分——不同學生群組之別

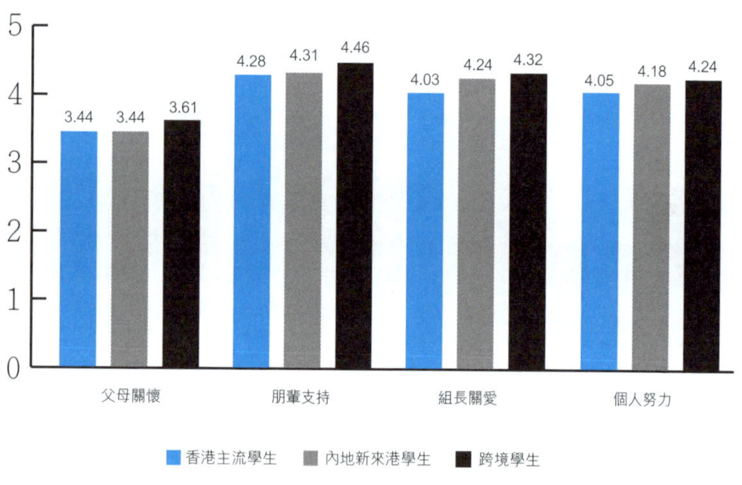

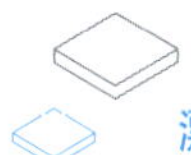

在社會 / 公民參與範疇，香港主流學生在公民知識的自評顯著高於新來港和跨境學生。雖然他們在實地及網絡參與層面亦同時顯著高於其他兩組學生，但仍低於平均分（3 分）。在公民態度及良好公民概念方面，主流學生則顯著地低於新來港學生。

不同學生群體對公民知識、公民態度、實地參與、網絡參與和良好公民概念的評分

	公民知識	公民態度	實地參與	網絡參與	良好公民概念
香港主流學生	3.95	4.80	2.42	2.55	4.65
內地新來港學生	3.75	4.90	2.18	2.34	4.88
跨境學生	3.68	4.98	2.17	2.36	4.69

另外，性別差異非常顯著。男生比女生在靈性健康（平均 3.60 分 vs 平均 3.76 分）、學校參與（平均 3.90 分 vs 平均 4.06 分）和社會參與（平均 3.65 分 vs 平均 3.68 分）各方面的評價均較為低。另外，高中生比初中生在靈性健康（平均 3.62 分 vs 平均 3.72 分）和學校參與（平均 3.90 分 vs 平均 4.04 分）為顯著低落，而在社會參與（平均 3.69 分 vs 平均 3.63 分）則明顯較高。最後，家境對學生的整體靈性健康、學校參與和社會參與沒有產生明顯的影響。

值得一提的是，非津貼學生在中文、英文及數學表現方面的評分，一律高於領取全津和半津的同學。同時，在父母協助功課或安排補課一項，是主流學生唯一自評高於其他兩組同學，反映了主流家長為子女安排補習的情況較為普遍。

探討

宗教信仰的重要性

是次研究結果反映出，宗教信仰對學生整全發展有積極作用。同時又突顯了香港主流華裔中學生，不但在學校參與方面較為被動，而且在將來升學和就業方面亦不抱有高期望。反之，新來港和跨境學生卻比他們更勇於追夢和對人生有期盼。主流學生對靈性健康的重視程度不及新來港及跨境同學；高中生更低落於初中生。數

據亦顯示出高中男生比女生在父母關懷、朋輩支持和師長關愛層面上更需要支援。這對主流中學的輔導及靈性教育有其特別的提示。

在萬多名受訪的中學生中，約三成（約 3500 人）有宗教信仰，而他們普遍有正向思維，以積極和感恩的態度面對學業和生活，享有較好的人際關係和較高的生活滿足感。靈性健康是整全健康的一個重要部分，它有助中學生建立一個積極的生活態度和提升利他行為，投入學校各方面的生活外，更關懷社區和正面地去面對順逆境。靈性健康是今日學校教育需要作進一步探討和推行的議題。

社會參與

意外的是，跨境學生雖然每天長途跋涉上學，但在學校參與的整體及各層面上的自觀感覺最高分。在社會參與的評價（特別是在實地參與上）則最低分，正反映他們的生活圈子和居住在內地的情況，這又間接反映他們對本港社會的投入和低歸屬感。

內地新來港學生在學校和社會參與的評價都較跨境學生低，這與我們過去研究的結果一致，表明在這數年間他們的經驗和社會現實沒有太大的改變，箇中原因值得我們反思。對於接收內地新來港學生的中學來説，關注他們的人生價值觀和對畢業後的期望是重要的工作，因為他們對升學和就業前途都頗有期望，故此亦容易產生負面或失望的感覺，間接也會影響他們對學校生活的觀感。

面對前路

關於將來升學和就業方面的期望，跨境學生和內地新來港學生比主流學生都具有較大的抱負，接近九成學生都希望獲得大專或以上學歷，六成學生認為父母希望他們成為專業人士。進一步反映出來自社經地位不高的主流學生成弱勢的情況，確實令人憂慮。

青少年是建立理想的階段，高中生往往對前途抱有幻得幻失的感覺，需要師長和家人的誘導和同行。香港是個價值多元、政見分歧、家庭轉型和急速變化的社會，青少年正面對前所未有的挑戰，是來自家庭社經地位不高的主流青少年，更為徬徨無助。社會應提供不同的支援途徑回應他們的需要，以及提供多元化的成功機會。

關注靈性教育

靈性發展正是促進學生整全價值和正向思維的保護網，啟發他們尋找生命意義、個人潛能和人生目標；而靈性教育及生命或價值教育是全人教育的支柱，應被納入必修課程之中，以提升教育工作者及學生個人對生命真義的關注和實踐，促進他們熱愛生命、珍惜自己身體、建立健康的人際關係和整全的品格，做一個對生命及社會有承擔的公民。

政策建議：開創共同成功機會

重點校本政策支援和資助下列各項：

確立整全健康的重要性，由低年級開始重視青少年的品格、價值及靈性健康，特別關注高中華裔男生的需要，強化學生與師長及家人的關係，以及社區安全網，互補長短。

(1) 堂校合作，有宗教背景的學校，應該大力發展他們的宗教教育優勢，藉着不同的媒介，注入正向積極和利他為本的精神，以好人好事，推己及人的大同世界觀去實踐信仰真諦。

(2) 優化中學後的預備課程 —— 多元出路、多元機會，提升跨境生、新來港學生和非華裔青少年對本地社會的參與和歸屬感，加強支援內地新來港生面對家境及學校適應上的需要，提升對主流學生的期望，創造更多成功升學及就業的機會。

(3) 重塑香港社會的「成功論」。除了學業成績，學校表現外，拉闊社會對成功的討論和定位，社會的效率絕不能單憑一小群考試精英，整全的社會規劃必須人人有份。所以，需要全面的考慮高中和專上教育方向，不能忽略技能和職業導向教育對香港社會的貢獻。

四、跨境學童人數增減與校本政策的轉變

中港跨境婚姻日趨普遍和內地居民來港產子的風氣下，過去十年的跨境學生人數一直以雙位數字增加，由 2001 至 2011 的十年間，本港出生的內地家庭子女（俗稱雙非學生）由 620 人劇增至 35,736 人，直到 2016 年，已超過三萬人（《明報》，2016 年4 月 26 日）。以 2015-16 學年計，居於深圳一帶的跨境生約 28,106 人：學前佔 10,407 人，小學佔 14,567 人及中學佔 3,132 人。（立法會，2016 年 6 月 22 日）。無論父親或是母親一方擁有居港權的子女，俗稱「單非」，又或是在港出生的內地居民子女，俗稱「雙非」，均享有在港接受教育、醫療及社會福利的權利。跨境生主要分佈於北區邊境（13,665 人）、元朗（6,333 人）、屯門（4,280 人），大埔和沙田亦有不少（東網，2016 年 3 月 23 日）。

面對近十年內地跨境學生人數的轉變，香港教育局的學額分配政策也隨之而變：時而增班擴校，時而開設限期學校。香港位於深圳和北區邊境交界的幼稚園、小學以至中學都見證了這種特殊社會現象下校本政策面對的挑戰，難免有無可奈何的感覺。這些學校曾因收生不足導致縮班和縮減教師人數，以及影響教師工作的穩定性和晉升機會，帶來一連串的問題，現在又面對另一種挑戰。

2017-2018 學年是跨境學童人數的高峰期，更有跨境家長為找學位而在市區購置物業（杜潔心，2016 年 11 月 22 日）。邊境的學校又因課室有限，由小班教學回歸大班上課，學生差異愈大，老師照顧差異的時間便愈少。香港的邊境學校面積本來是小的，加上近年新市鎮發展，不少新型家庭遷移至新界，學生人口又隨之增加。北區及元朗區學校學額嚴重不足，形成跨境生需要遠赴九龍市區或離島上課，而香港學生也需要跨區上學。社區方面，也因大量跨境家庭購置物業，導致社區物流交通、房屋和設施失去平衡，加深內地及香港居民因爭取資源而產生的衝突矛盾；更深層的問題是，深、港之間的人民交往，在語言、期望及價值觀等各方面都產生了直接的摩擦和衝突，甚至出現互相排斥和撕裂的情況。因此，香港政府於 2013 年初，宣佈所有內地居民來港產子的零配額政策。

香港深圳市政府之間的協調角色

社會對兩地政府如何解決學額，雙非以及中港矛盾的問題所知不多。但當深圳市政府於 2017 年 4 月初宣佈，「港澳籍學生可以和非深戶籍學生一樣申請參加積分入學」，本港雙非及單非學童於 2017-18 年起，以計分制報讀深圳市的公立學校。2018-2019 學年是跨境學生升小一的最後一屆。受到內地的新政策影響，跨境生人數大幅度下降，港人出生率持續低，2019的小一學生人數將會由 65,700 名大幅下降 8,400 名至 57,300 名（數據新聞，2018 年 9 月 4 日）。小學校長對此政策有喜有憂，一方面，老師可以更細緻地照顧個別差異；另一方面，又擔憂超額老師會影響士氣。

香港政府對於未來數年的學位問題未見有長遠計劃，只能抱觀望態度，視乎跨境學生的退學潮停止後，留下來的跨境學生人數有多大改變。只是北區及天水圍區某些限期小學，完成未來數年的跨境學童基礎教育便要結束。

這是否意味着跨境學生教育將會成為香港回歸後的一個歷史使命呢？學校的生態永遠受制於社會大環境的影響，校本政策一定會跟學生來源走。其實近三年，不少幼稚園、小學已經開始作出準備，把收生的策略轉為本地生；在課堂安排、教師專業發展及學校行政安排上也逐步改變，以期能順利過渡，期望可以順利轉型和增加學校的營辦穩定性。某程度上，這也再牽起另一場邊境學校間的爭奪賽。香港學校的校本政策是緊連於珠三角的政治、經濟和社會因素，在物流、交通、婚姻和各式各樣的交流文化活動帶動下，香港邊境學校的辦學和政策也需要作出更新改變。當然，能夠成功轉型收取本地生的學校將可以走得更遠，要是失敗，在完成這個歷史任命後又再次被政府要求光榮結業，相信將會對教師專業帶來另一場打擊。

香港近年學生人口正發生了很大的轉變，包括：內地跨境學生下降，南亞裔學生人口上升，本港出生率也有輕微上升，為了迎接這些改變，學校文化也應開始改變，由本土化轉為多元化，在教師教育及學生多元支援方面也需要作出回應。

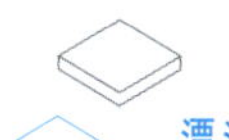

後記

此書付梓時，香港社會正在經歷一場史無前例的社會運動。這個因「反送中」修例而引致的社會動盪和政局不明朗情況，誘發內地家長把子女接回內地升學，面對跨境生退學潮，葵涌、青衣及黃大仙等三區也不再列入跨境生的專屬校網，而學校改變收生策略，務求可以吸引本港學生（《都市日報》，2019 年 9 月 23 日）。因應大灣區的發展，跨境教育的模式也許會變得多樣化，有待進一步探討。

鳴謝

感謝本書的 24 位主人翁，他們與本人的真誠對話，是撰寫此書的原由。每一位青年人的故事都深深打動本人。猶記得他們常常對我説，因為我是一位陌生人，所以他們可以暢所欲言，毫無掩飾。他們不同的人生旅程描繪出不同的社會色彩，也促使我懷着使命感，把他們的喜樂和哀愁，以及人生目標、生活滴點等與大眾分享，更願多人能關注、聆聽和回應他們的心聲。

在此更要感謝為我們研究團隊安排不同訪談的中學，特別是各統籌同工。他們付出額外時間、精神和資源，讓我們得以順利與各學生群體進行交流分享。

感謝研究助理袁揚玲小姐整理初稿，李海傑先生提供插圖初稿。

最後，感謝香港優配基金的撥款支持本人及研究團隊開展此計劃（GRF, Ref. No.18406214），使我們可以有系統地與香港不同族群的青年人對話和交流，促成此書。

附錄

上卷訪談內容

- 請簡單介紹自己（例如：出生地點，家庭生活，居住地等）。
- 請分享你的家庭生活和與家人關係。
- 你生活開心嗎？
- 你對學校生活和與同學相處有什麼意見？
- 功課有困難時會找誰人問？不開心時又會做什麼？
- 你有宗教信仰嗎？如有，請分享你的宗教生活。你對靈性健康有什麼看法？
- 整體上，你在香港的生活經驗是怎樣的？你對自己的公民身份有什麼看法？
- 還有其他意見想分享嗎？

參考文獻

中文參考資料（期刊）

陳美琴（2014）：〈靈性讓人自由嗎？探索大學生靈性及憂鬱之關係〉，《哲學與文化》，41 卷 1 期，頁 39-60，檢索網頁：http://www.airitilibrary.com/Publication/alDetailedMesh?docid=10158383-201401-201402200034-201402200034-39-60

陳秉華、范嵐欣、詹杏如（2016）：〈融入宗教 / 靈性的基督徒諮商員教育課程之成果評估〉，《教育心理學報》，47 卷 4 期，頁 501-523。doi: 10.6251/BEP.20150407

陳慧姿（2008）：〈靈性健康與品格培養之探討〉，載《生命教育與健康促進學術論文研討會論文集》，頁 223-236，檢索網頁：http://www.airitilibrary.com/Publication/alDetailedMesh?docid=P20101229002-200804-201012290053-201012290053-223-236

黃光華（2007）：〈新課改生命科學教學中加強健康教育的基礎研究〉，華東師範大學碩士論文，檢索網頁：http://cdmd.cnki.com.cn/Article/CDMD-10269-2008033360.htm

李美遠（2009）：〈宗教、靈性與心理健康〉，《諮商與輔導》，286 期，頁 14-18，檢索網頁：http://www.airitilibrary.com/Publication/alDetailedMesh?docid=16846478-200910-200910230004-200910230004-14-18%2B8

世界衛生組織（1948）：〈常問的問題〉，檢索網頁：http://www.who.int/suggestions/faq/zh/

吳梓明（2008）：〈兒童心靈教育與發展〉，《香港幼兒學報》，7 卷 2 期，頁 32-37。

蕭雅竹、黃松元、陳美燕（2007）：〈宗教與靈性健康、健康促進行為之相關性研究〉，《實證護理》，3 卷 4 期，頁 271-279。 doi: 10.6225/JEBN.3.4.271

孫天倫（2017），《從中國人的學習文化和心理看香港高等教育國際化》，見《香港教師中心學報》， 2017 年，第十六卷，頁 27-40。

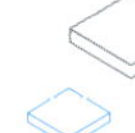

徐俐惠（2014）：〈新北市新移民子女社會資本與心理健康之研究〉，國立台北教育大學教育經營與管理學系碩士論文，檢索網頁：http://www.airitilibrary.com/Publication/alDetailedMesh?docid=U0055-1505201417382400

張淑美、陳慧姿（2000）：高雄地區高中教師靈性健康及其相關因素之研究。《生死學研究》，第七期，頁 89-139。

張婉瑜（2009）：〈台北縣新移民與本國籍國小高年級學生情緒困擾、情緒管理和人際關係之研究〉，國立台北教育大學教育政策與管理研究所碩士論文，檢索網頁：http://www.airitilibrary.com/Publication/alDetailedMesh?docid=U0055-0406200916072600

袁月梅、張志強（2018）：〈比較香港華裔及非華裔青少年的學校及公民參與狀況〉，《青年研究學報》，二十一卷一期，頁 150-164。

袁月梅、張志強、阮衛華（2017）：〈香港中學生的靈性健康和其公民參與〉，《青年研究學報》，二十卷一期，頁 144-154。

中文參考資料（網上及報刊）

袁月梅（2019, 6 May）。升大專過渡期的多元支援需要。集師廣益 Teachers Blog. RTHK. 檢索網頁：http://www.liberalstudies.hk/blog/ls_blog.php?year=2018&month=11

袁月梅（2019, 25 February）。條條大路通羅馬？—高中生涯教育的路向。集師廣益 Teachers Blog. RTHK. 檢索網頁：http://www.liberalstudies.hk/blog/ls_blog.php?mode=showThread&id=3592&mother_id=862

袁月梅（2018, 19 November）。本地低收入家庭的青少年升學實況。集師廣益 Teachers Blog. RTHK. 檢索網頁：http://www.liberalstudies.hk/blog/ls_blog.php?id=3521&mother_id=862

袁月梅（2018, 4 June）。內地來港學生的大專夢。集師廣益 Teachers Blog. RTHK. 檢索網頁：http://www.liberalstudies.hk/blog/ls_blog.php?id=3403&mother_id=862

袁月梅（2016, 11 April）。青少年的整全健康與社會參與。集師廣益 Teachers Blog. RTHK. 檢索網頁：http://www.liberalstudies.hk/blog/ls_blog.php?id=2824

袁月梅（2015, 12 January）。香港南亞裔及內地新來港學生的公民參與感。 集師廣益 Teachers Blog. RTHK. 檢索網頁：http://www.liberalstudies.hk/blog/ls_blog.php?mode=showThread&id=2455&mother_id=862

文匯報（2018 年 9 月 4 日）。《「雙非」尾班車 跨境生減過半》。檢索網頁：http://paper.wenweipo.com/2018/09/04/YO1809040010.htm

東網（2016 年 3 月 23 日）。《跨境學生錄 2.8 萬急增 12% 單計小學飆 24%》。檢索網頁：http://hk.on.cc/hk/bkn/cnt/news/20160323/bkn-20160323191626942-0323_00822_001.html

數據新聞（2018 年 9 月 4 日）。《「雙非」尾班車 跨境生減過半》。檢索網頁：https://www.dotdotnews.com/2018/09/04/data/%E3%80%8C%E9%9B%99%E9%9D%9E%E3%80%8D%E5%B0%BE%E7%8F%AD%E8%BB%8A-%E8%B7%A8%E5%A2%83%E7%94%9F%E6%B8%9B%E9%81%8E%E5%8D%8A

都市日報（2019 年 9 月 23）。《小學跨境生退學潮 霎時縮班失預算》。檢索網頁：https://hd.stheadline.com/news/realtime/hk/1597180/%E5%8D%B3%E6%99%82-%E6%B8%AF%E8%81%9E-%E5%B0%8F%E5%AD%B8%E8%B7%A8%E5%A2%83%E7%94%9F%E9%80%80%E5%AD%B8%E6%BD%AE-%E9%9C%8E%E6%99%82%E7%B8%AE%E7%8F%AD%E5%A4%B1%E9%A0%90%E7%AE%97

杜潔心（2016）。《雙非家長九龍城置業 仍失落喇沙》。《香港經濟日報》，2016 年 11 月 22 日，A18。

立法會（2016 年 6 月 22 日）。《立法會十一題：跨境學童》。檢索網頁：http://www.info.gov.hk/gia/general/201606/22/P201606220579.htm

明報新聞（2017 年 4 月 7 日）。《深圳教育局開綠燈　港澳籍學童可參加積分入學》。檢索網頁：https://news.mingpao.com/ins/%E6%B8%AF%E8%81%9E/article/20170407/s00001/1491524891697/%E6%B7%B1%E5%9C%B3%E6%95%99%E8%82%B2%E5%B1%80%E9%96%8B%E7%B6%A0%E7%87%88-%E6%B8%AF%E6%BE%B3%E7%B1%8D%E5%AD%B8%E7%AB%A5%E5%8F%AF%E5%8F%83%E5%8A%A0%E7%A9%8D%E5%88%86%E5%85%A5%E5%AD%B8

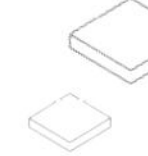
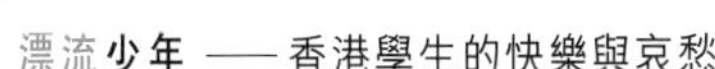

明報新聞（2016 年 4 月 26 日）。《雙非童逾 3 萬 超生不發雙程證》。檢索網頁：http://news.mingpao.com/pns/dailynews/web_tc/article/20160426/s00001/1461608380566

香港特別行政區政府教育局（2016 年 6 月）。〈深圳港人子弟學校及開設港籍學生班的學校〉。檢索網頁：http://www.edb.gov.hk/attachment/tc/student-parents/newly-arrived-children/scheme-for-hk-students/leaflet_tc.pdf

香港 01 港聞（2018）：〈青少年自殺亡人數按年急增五成　逾八成人「從高處墮下」〉，檢索網頁：https://www.hk01.com/%E7%A4%BE%E6%9C%83%E6%96%B0%E8%81%9E/216070/%E9%9D%92%E5%B0%91%E5%B9%B4%E8%87%AA%E6%AE%BA%E4%BA%A1%E4%BA%BA%E6%95%B8%E6%8C%89%E5%B9%B4%E6%80%A5%E5%A2%9E%E4%BA%94%E6%88%90-%E9%80%BE%E5%85%AB%E6%88%90%E4%BA%BA-%E5%BE%9E%E9%AB%98%E8%99%95%E5%A2%AE%E4%B8%8B

參考文獻（英文）

Appleton, J., Christenson, S., & Furlong, M.（2008）. Student engagement with school: Critical conceptual and methodological issues of the construct. *Psychology in the Schools*, *45*（5）, 369-386.

Bauhinia Foundation Research Center（2009）. Hong Kong-Shenzhen Education Cooperation. Retrieved from http://www.bauhinia.org/pdf/research/20090407/tchi_HK-SZ_Education

Cooperation_MainReport.pdf

Brummelen, H. V., Koole, R., & Franklin, K.（2004）. Transcending the commonplace: Spirituality in the curriculum. *The Journal of Educational Thought*（*JET*）, *38*（3）, 237-254. Retrieved from http://www.jstor.org/stable/23767184

Ciarrocchi, J. W.（2014）. Positive psychology and spirituality: A virtue-informed approach to well-being. In L. J. Miller（Ed.）, *the Oxford handbook of psychology and spirituality*（pp. 425-436）. New York: Oxford University Press.

Culliford, L.（2011）. *The psychology of spirituality: an introduction*. London: Jessica Kingsley Publishers.

Equal Opportunities Commission（2011）. Education for all — Report of the Working Group on Education for Ethnic Minorities. Retrieved from http://www.eoc.org.hk/eoc/Upload/UserFiles/File/EducationReportE.pdf

Fisher, J.（2011）. The Four Domains Model: Connecting Spirituality, Health and Well-Being, *Religions*, 2, 17-28.

Fisher, J. W.（2009）. Understanding and assessing spiritual health. In M. Souza, L. J. Francis, J. O'Higgins-Norman, & D. Scott（Eds.）, *International handbook of education for spirituality, care and wellbeing*（pp. 69-88）. Dordrecht: Springer.

Fisher, J. W., Francis, L. J., & Johnson P.（2000）. Assessing spiritual health via four domains of spiritual wellbeing: The SH4DI. *Pastoral Psychology, 49*（2）, 133-145. doi: 10.1023/A:1004609227002

Francis, L. J., & Penny, G.（2014）. Gender differences in religion. In V. Saroglou（Ed.）, *Religion, personality, and social behavior*（pp. 313-337）. New York: Psychology Press.

Fredricks, J. A., Blumenfeld, P., Friedel, J., & Paris, A.（2005）. School engagement. In K. A. Moore & L. Lippman（Eds.）, *What do children need to flourish?: Conceptualizing and measuring indicators of positive development*（pp. 305-321）. New York, NY: Springer Science and Business Media.

Hart, D., & Kirshner, B.（2009）. Promoting civic participation and development among urban adolescents. In J. Youniss & P. Levine（Eds.）, *Constructive policy for youth civic engagement*（pp. 102-120）. Nashville, TN: Vanderbilt University Press.

Hart, S., Stewart, K., & Jimerson, S.（2011）. The student engagement in schools questionnaire（SESQ）and the teacher engagement report form — new（TERF-N）: Examining the preliminary evidence. *Contemporary School Psychology*, 15, 67-79.

Jensen, L. A.（2008）. Immigrant civic engagement and religion: The paradoxical role of religious motives and organizations. In R. M. Lerner, R. W. Roeser, & E. Phelps（Eds.）, *Positive youth development & spirituality: From theory to research*（pp. 247-261）. West Conshohocken, Pa.: Templeton Foundation Press.

Jimerson, S. R., Campos, E., & Greif, J. L.（2003）. Toward an understanding of definitions and measures of school engagement and related terms. *The California School Psychologist*, 8, 7-27.

Powell, L. H., Shahabi, L., & Thoresen, C. E.（2003）. Religion and spirituality: Linkages to physical health. *American psychologist, 58*（1）, 36-52. doi: 10.1037/0003-066X.58.1.36

Priestley, J.（2005）. The spiritual dimension of the curriculum: What are school inspectors looking for and how can we help them find it? In C. Ota & C. Erricker（Ed.）, *Spiritual education: Literary, empirical and pedagogical approaches*（pp. 202-215）. Brighton: Sussex Academic Press.

Seaward, B. L, (2013). *Health of the human spirit: Spiritual dimensions for personal health*. Burlington, Mass.: Jones & Bartlett Learning.

Sheldrake, P. (2012). *Spirituality: A very short introduction*. Oxford: Oxford University Press.

Sun, R. C., & Shek, D. T. (2010). Life satisfaction, positive youth development, and problem behaviour among Chinese adolescents in Hong Kong. *Social Indicators Research, 95* (3), 455-474. doi: 10.1007/s11205-009-9531-9

Walker, K. L., & Dixon, V. (2002). Spirituality and academic performance among African American college students. *Journal of Black Psychology, 28* (2), 107-121, doi: 10.1177/0095798402028002003

Yuen, Y. M. C., & Leung, C. S. S. (2019). Belonging and Connectedness: Identity, Religiosity and Aspiration of Immigrant Muslim Youth in Hong Kong. *Asia Pacific Journal of Education. doi*: 10.1080/02188791.2019.1671802

Yuen, Y. M. C. (2018). Perceptions of Social Justice among the South Asian and Chinese Immigrant Youth in Hong Kong. *Peabody Journal of Education. doi*: 10.1080/0161956X.2018.1449928

Yuen, Y. M. C. (2018). Chinese immigrant students and cross-boundary students in Hong Kong: A call for equity through culturally relevant teaching practices. In Y. K. Cha, S. H. Ham, & M.S. Lee (Eds.), *Routledge international handbook of multicultural education research in Asia Pacific* (pp. 258-271). London: Routledge.

Yuen, Y. M. C., Lee, M. S., & Leung, C. S. S. (2016). Religious belief and its association with life satisfaction of adolescents in Hong Kong. *Journal of Beliefs and Values, 37* (1), 103-113. doi: 10.1080/13617672.2016.1141533

Yuen, Y. M. C. (2015). Gender differences in life satisfaction and spiritual health among the junior immigrant and local Hong Kong secondary students. *International Journal of Children's Spirituality, 20* (2), 139-154. doi: 10.1080/1364436X.2015.1061485

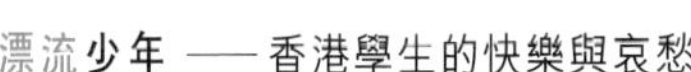

Yuen, C. Y. M.（2016a）. Linking life satisfaction with school engagement of secondary students from diverse cultural backgrounds in Hong Kong. *International Journal of Educational Research*, 77, 74-82. doi:10.1016/j.ijer.2016.03.003

Yuen, C. Y. M.（2016b）. Utilizing pedagogical strategies of the Learner-Centered Model in primary small class teaching settings in Hong Kong. In P. Blatchford, K. W. Chan, G. Maurice, K. C. Lai, & Z. Li（Eds.）, *Class size: Eastern and Western perspectives*（pp. 259-272）. Retrieved from http://search.ebscohost.com/login.aspx?direct=true&scope=site&db=nlebk&db=nlabk&AN=1228678

Yuen, C. Y. M., & Cheung, A. C. K.（2014）. School engagement and parental involvement: the case of cross-border students in Singapore. *The Australian Educational Researcher, 41*（1）, 89-107.

Yuen, C. Y. M.（2013）. Ethnicity, level of study, gender, religious affiliation and life satisfaction of adolescents from diverse cultures in Hong Kong. *Journal of Youth Studies, 16*（6）, 776-791.

Yuen, Y. M. C., & Lee, M. S.（2013）. Mapping the life satisfaction of adolescents in Hong Kong secondary schools with high ethnic concentration. *Youth and Society, 48*（4）, 539-556. doi: 10.1177/0044118X13502060